Julia Korff

Basics aus WEB-WARE nähen

MODELLE

GRUNDLAGEN

S.76 | MIAS Abenteuerland

S.80 | lisimade

S.76 | miss mifefe

S.48 | annegretchen

S.64 | weisnaehschen

S.24 | Mones Atelier

S.52 | nähhaus

S.80 | mini-wölkchen

DESIGN-BEISPIELE MEINES PROBENÄH-TEAMS

S.36 | Hinta Palinta

S.76 | Kathis Nähwelt

S.28 | Mones Atelier

S.24 | fraulula

S.36 | MIAS Abenteuerland

S.64 | KaRO

Du bist auf der Suche nach tollen Basics? Du hast erste Erfahrung im Nähen von Kleidung? Du hast Lust auf andere Materialien als Jersey? Perfekt! Mit diesem Buch liegst du genau richtig.

Ich möchte dir zeigen, wie du aus verschiedensten Webwaren wie Blusen- und Kleiderstoffen, aus Plissee, Batist, Popeline, Voile und mehr wunderbare Basics für deinen Kleiderschrank zaubern kannst.

Mit der Funktion 360° Fashion (siehe auch Seite 102) kannst du dir online alle Modelle rundum anschauen und heranzoomen. Das ist Komfort wie beim Online-Shopping! Du siehst, wie das Kleidungsstück sitzt und kannst abwägen, ob das Modell zu dir passt. Mit der Zoomfunktion kannst du dir Details wie Knopfleisten, Taschen, Krägen usw. ganz nah heranholen und genau anschauen.

Und dieser Titel hat noch mehr zu bieten. Damit du siehst, wie die Modelle in verschiedenen Größen und Stilen wirken, hat mein fleißiges Probenähteam alle Modelle in vielen Variationen genäht. So sind über 100 Designbeispiele zusammengekommen, die dich inspirieren und ermutigen sollen, selbst kreativ zu werden. Du findest vier davon bei jedem Modell sowie weitere auf den Seiten 4, 141 und 145.

Damit du schnell zur Webware-Expertin wirst, erkläre ich dir im ausführlichen und bebilderten Grundlagenteil die wichtigsten Dinge, die es beim Arbeiten mit Webware zu beachten gilt.

Ich wünsche dir ganz viel Freude beim Nähen!

Deine Julia

Modelle

Blusenshirt mit V-Ausschnitt

MIT MODISCH AUSGESTELLTEN ÄRMELN

WAS DU FÜR DEIN PROJEKT BRAUCHST

Stoff 1: Viskose in Grau mit Blumen, siehe Fertigmaßtabelle | Vlieseline H 180 für die Belege, 30 cm | Farblich passendes Nähgarn

NAHTZUGABEN

Alle Schnittteile mit 1 cm NZG zuschneiden. Am Saum 2 cm Saumzugabe hinzugeben.

ZUSCHNITT

STOFF 1

1x Schnittteil Vorderteil im Bruch (Schnittkante Blusenlänge)

1x Schnittteil Rückenteil im Bruch (Schnittkante Blusenlänge)

2x Schnittteil langer Ärmel gegengleich

1x Schnittteil Beleg Vorderteil im Bruch

1x Schnittteil Beleg Rückenteil im Bruch

VLIESELINE

1x Schnittteil Beleg Vorderteil im Bruch

1x Schnittteil Beleg Rückenteil im Bruch

ANLEITUNG

[1] Die Brustabnäher am Vorderteil gemäß Grundanleitung nähen (siehe Seite 126). Die Taillenabnäher an Vorder- und Rückenteil sind optional und werden noch nicht genäht.

[2] Das Vorderteil r-a-r auf das Rückenteil legen und die Schulternähte schließen.

[3] Die unversäuberten Belege mit Vlieseline verstärken und zunächst nur an der Schulternaht versäubern. Den Beleg Vorderteil r-a-r auf den Beleg Rückenteil stecken und die Schulternähte schließen. Die NZG auseinanderbügeln. Anschließend die Außenkante des Belegs rundherum versäubern.

[4] Den Beleg r-a-r auf den Halsausschnitt der Bluse stecken und rundherum zusammensteppen. Die NZG einkürzen und an der Spitze des V-Ausschnittes vorsichtig bis kurz vor die Naht einschneiden. Den Beleg wenden und den Ausschnitt gut bügeln.

[5] Den Halsausschnitt knappkantig absteppen. Der Beleg kann an der Außenseite mit einigen Stichen in der NZG der Schulternähte befestigt werden, sodass er nicht so leicht nach außen klappen kann.

[6] Die Ärmel gemäß Grundanleitung einnähen (siehe Seite 131). Die Bluse sowie die Ärmel sauber r-a-r legen und jeweils einen Ärmel und die Seitennaht in einem Zug schließen.

[7] Die Ärmel und die Bluse gemäß Grundanleitung säumen (siehe Seite 125).

[8] Die Bluse hat am Vorder- und Rückenteil optionale Taillenabnäher. Wenn die Bluse figurnaher sitzen soll, können diese zusätzlich gemäß Grundanleitung genäht werden (siehe Seite 126). Bei leicht fließenden Stoffen empfiehlt es sich, nur die Taillenabnäher am Rückenteil zu nähen. Bei etwas festeren Blusenstoffen können zusätzlich auch die Taillenabnäher am Vorderteil genäht werden. Vorher immer das Kleidungsstück anprobieren und die Abnäher abstecken.

MEINE TIPPS

Bei dieser Bluse sehen auch die Flügelärmel vom Kleid mit Flügelärmeln (siehe Seite 36) super aus.
Die Bluse kann auch als Kleid genäht werden.

SCHWIERIGKEITSGRAD 1
GRÖSSE 34–50
FERTIGMASSTABELLE
Seite 88
SCHNITTMUSTERBOGEN
1A+1B, pink, Modell 1

Der V-Ausschnitt streckt und schmeichelt der Figur. Die Trompetenärmel verleihen dem schlichten Shirt eine ganz besondere Note.

Für dieses Modell eignet sich fließende, locker fallende Viskose besonders gut.

360° Fashion

Online gibt es die 360°-Ansicht dieses Modells mit Zoomfunktion. So kannst du dir die Passform und die Details rundherum anschauen.

Hier geht es zur 360°-Ansicht:
www.frech.de/8145db10

Die schmale und dennoch lockere Passform trägt sich sehr bequem.

Für eine schmalere Passform können Taillenabnäher im Rücken genäht werden.

Elisabeth hat das Blusenshirt in Größe 38 genäht und auf die Rückenabnäher verzichtet. Verwendet hat sie ein leicht gecrinkeltes Woll-Mischgewebe. So lässt sich die Bluse auch wunderbar in der kühleren Jahreszeit tragen. Sie liebt das Shirt, weil es sich vielseitig kombinieren lässt. Es passt zu Röcken und Jeans gleichermaßen, durch den schlichten Stoff lässt es sich sowohl sportlich-lässig als auch elegant stylen.

lisimade

KaRo

Katja hat sich für einen geblümten Chambray entschieden. Sie trägt das Blusenshirt im Büro gerne mit einem Rock oder einer schwarzen Jeans mit Chucks. In der Freizeit darf es auch eine helle Jeans sein. Katja hat Größe 48 genäht.

DESIGNBEISPIELE MEINES GENIALEN PROBENÄHTEAMS

Mones Atelier

Simone hat die Bluse in Größe 40 genäht. Sie hat eine leichte, weiße Baumwolle mit Print verwendet. Kombiniert mit einem Rock in Schwarz, einer modischen Kette und Stiefeletten ist die Bluse perfekt für einen schicken Anlass geeignet. Genauso passt sie aber auch zu Jeans.

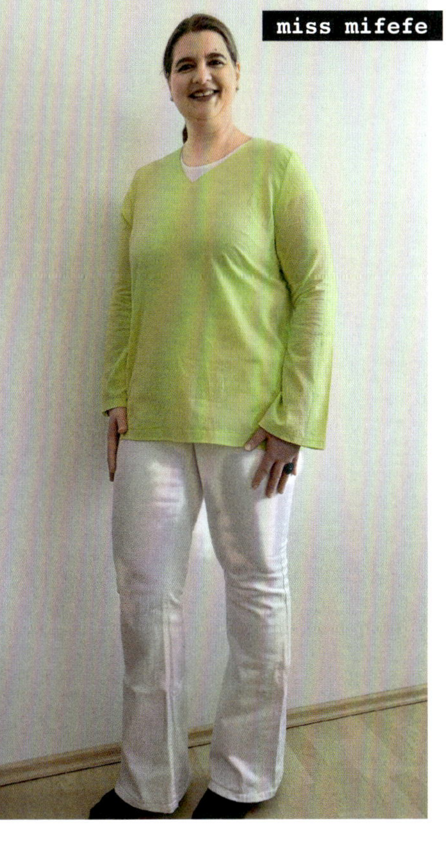
miss mifefe

Michaela trägt die Bluse in einer tollen, leichten Baumwolle mit Stickerei in Hellgrün. Sie hat sich für diesen Stoff entschieden, weil er wunderbar dünn und fließend ist und sich somit perfekt für eine Sommerbluse eignet. Am liebsten kombiniert sie die Bluse lässig zu Jeans und Sneakers oder zur Stoffhose mit Pumps. Aufgrund ihrer Größe von 1,79 m hat Michaela am Saum und den Ärmeln 6 cm zugegeben. Sie trägt hier Größe 48.

Tunika mit Faltensaum

MIT VIELEN RAFFINIERTEN DETAILS

WAS DU FÜR DEIN PROJEKT BRAUCHST

Stoff 1: Viskose in Weiß mit grafischem Blumenmuster, siehe Fertigmaßtabelle I Vlieseline H 180 für die Belege, 30 cm I Farblich passendes Nähgarn I Elastik-Kordel in Weiß als Knopfschlaufe, ø 1,5 mm, 4 cm lang I Knopf in Weiß, ø 1 cm

NAHTZUGABEN

Alle Schnittteile mit 1 cm NZG zuschneiden. Am Saum 2 cm Saumzugabe hinzugeben.

ZUSCHNITT

STOFF 1

1x Schnittteil Vorderteil im Bruch (Schnittkante Faltenteil)

1x Schnittteil Rückenteil im Bruch (Schnittkante Faltenteil, Schlitz nicht einschneiden)

2x Schnittteil Ärmel gegengleich (Schnittkante Volant)

2x Schnittteil Ärmelvolant

1x Schnittteil Beleg Vorderteil im Bruch

1x Schnittteil Beleg Rückenteil im Bruch (Schlitz nicht einschneiden)

2x Schnittteil Faltensaum im Bruch

VLIESELINE

1x Schnittteil Beleg Vorderteil im Bruch

1x Schnittteil Beleg Rückenteil im Bruch (Schlitz nicht einschneiden)

ANLEITUNG

[1] Die Brustabnäher am Vorderteil gemäß Grundanleitung nähen (siehe Seite 126).

[2] Das Vorderteil r-a-r auf das Rückenteil legen und die Schulternähte schließen. Die NZG auseinanderbügeln.

[3] Die unversäuberten Belege mit Vlieseline verstärken und zunächst nur an der Schulternaht versäubern. Beleg Vorderteil und Beleg Rückenteil r-a-r aufeinanderlegen und die Schulternähte nähen. Die NZG auseinanderbügeln.

[4] Den fertig genähten Beleg rundherum an der Außenkante versäubern.

[5] Den Schlitz (gemäß Schnittteil/kleiner Querstrich am Bruch) mit Schneiderkreide auf die linke Stoffseite des Belegs zeichnen.

[6] Den Beleg r-a-r an den Halsausschnitt der Bluse stecken. Die Elastik-Kordel zur Schlinge legen und auf einer Seite an die Oberkante des Schlitzes zwischen Bluse und Beleg stecken. Die Kordel muss exakt unterhalb der am Halsausschnitt verlaufenden Naht liegen. Die Schlaufe der Kordel zeigt zum Armloch, die Enden liegen am Schlitz (siehe Grundanleitung Schlingenverschluss nähen, Seite 133). Den Beleg rundherum am Halsausschnitt und entlang des Schlitzes feststeppen. Dabei am Halsausschnitt mit regulärer NZG von 1 cm, entlang des Schlitzes möglichst 1 bis 2 mm rechts und links davon steppen und über die Kordel nähen. Wichtig ist, die Kordel nur an einer Seite und nicht auf beiden Seiten des Schlitzes anzunähen.

[7] Die NZG einkürzen und den Beleg inklusive Rückenteil vorsichtig entlang der Schlitzmarkierung bis zur Spitze einschneiden. Den Beleg auf die Innenseite der Bluse legen und den Halsausschnitt sauber bügeln. Den Halsausschnitt und den Schlitz knappkantig absteppen. Der Beleg kann mit einigen Stichen an der NZG der Schulternaht fixiert werden, damit er nicht so leicht umklappt.

[8] Beide Ärmelvolants an der Oberseite einkräuseln, sodass sie jeweils der Länge des Ärmelsaums entsprechen (siehe Grundanleitung Kräuseln Seite 127).

[9] Jeweils einen Volant r-a-r an die Unterkante des Ärmels stecken und feststeppen. Die NZG nach oben in den Ärmel bügeln und nach Wunsch knappkantig absteppen.

[10] Die Ärmel gemäß Grundanleitung einnähen (siehe Seite 131).

[11] Das Vorder- und Rückenteil sowie die Ärmel sauber r-a-r legen und jeweils einen Ärmel und die Seitennaht in einem Zug schließen. Die Ärmel gemäß Grundanleitung säumen (siehe Seite 125).

[12] Beide Faltensaum-Teile versäubern und 2 cm breit einfach säumen (siehe Grundanleitung Säumen Seite 125).

[13] Für den Faltensaum müssen die Faltenpositionen aus dem Schnittmuster exakt übernommen werden. Dabei immer in Pfeilrichtung falten, sodass die Längslinie am

SCHWIERIGKEITSGRAD 3
GRÖSSE 34–50
FERTIGMASSTABELLE
Seite 88
SCHNITTMUSTERBOGEN
1A+1B, blau, Modell 2

Pfeilende die Faltkante (Bruchlinie) ist und auf der Längslinie an der Pfeilspitze (Anstoßlinie) liegt. Jede einzelne Falte sauber bügeln. Damit die Falten nicht verrutschen, können sie einmal oben entlang des Faltensaums in der NZG fixiert werden.

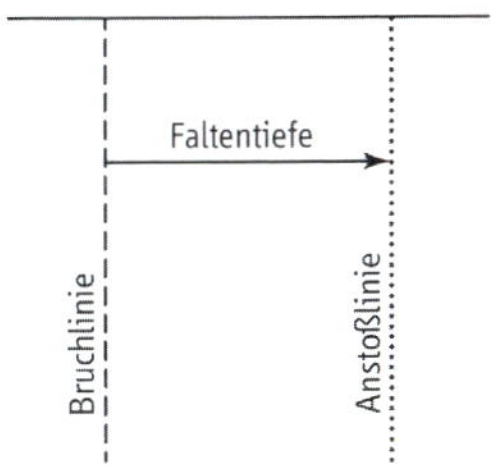

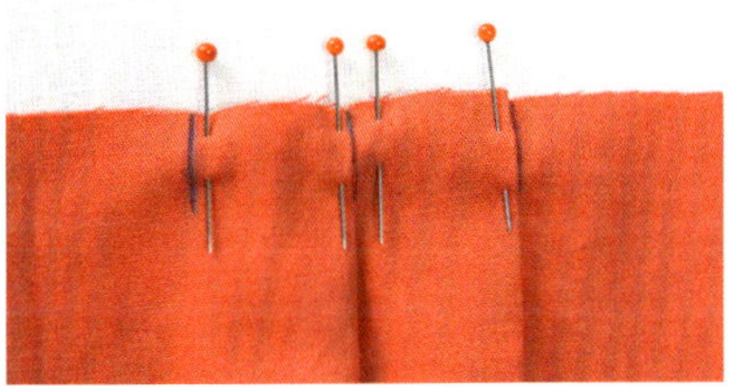

[14] Beide Teile des Faltensaums r-a-r legen und die kurzen Seiten zum Ring schließen.

[15] Den Faltensaum mit der Oberkante r-a-r an die Unterkante der Bluse stecken und rundherum zusammensteppen. Die NZG nach oben in die Bluse bügeln und von rechts knappkantig absteppen.

[16] Den Knopf gegenüber der Schlaufe passend von Hand annähen.

MEINE TIPPS

Die Bluse kann auch ohne den Faltensaum gearbeitet werden. Oder sie wird mit einem kleinen Ärmelvolant wie bei der Bluse mit Stehkragen (Seite 32) genäht, dann den Ärmel wie bei der Bluse mit Stehkragen zuschneiden. Schmale lange Ärmel ohne Volant sind ebenfalls möglich, dazu die Ärmel in voller Länge zuschneiden.

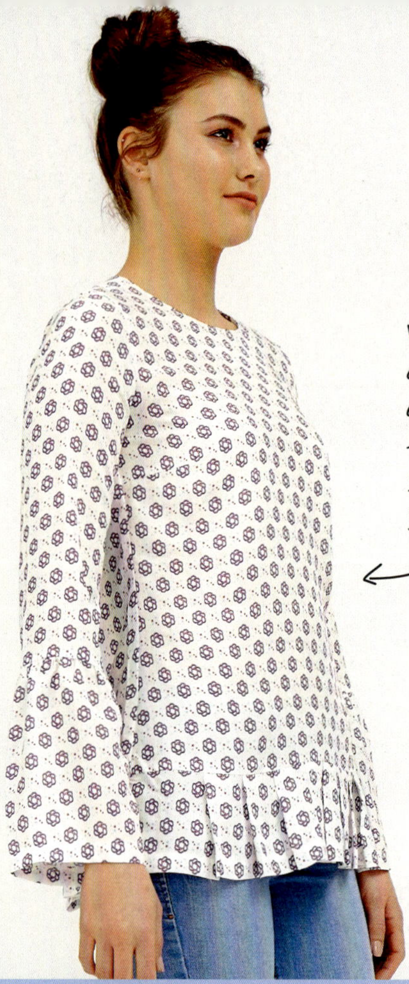

Wähle für dieses Modell einen leicht fallenden Stoff, wie zum Beispiel Viskose.

Auffällige Volants am Ärmel wirken elegant und lässig.

Online gibt es die 360°-Ansicht dieses Modells mit Zoomfunktion. So kannst du dir die Passform und die Details rundherum anschauen.

360° Fashion

Hier geht es zur 360°-Ansicht:

www.frech.de/8145db20

Ein raffinierter Verschluss im Rückenteil gibt das gewisse Extra.

Die gelegten Falten unterstreichen die romantische Anmutung der leichten Bluse.

Karo hat die Tunika in Größe 48 aus einem leichten Batist in einem auffälligen Design genäht. Am liebsten kombiniert sie sie zu einer dunklen Jeans. Damit ist sie im Job perfekt angezogen. Soll es mal schicker sein, kann eine große Kette für Glamour sorgen.

KaRo

lariundfari

Imme hat sich für eine locker fallende Viskose in Blau mit Blümchendesign entschieden. Sie trägt die Tunika besonders gerne zu Jeans, weil sie so lässig und doch schick gestylt ist. Soll es ein Freizeitlook sein, kombiniert sie die Tunika aber auch gerne zu Shorts. Genäht hat Imme Größe 40.

DESIGNBEISPIELE MEINES GENIALEN PROBENÄHTEAMS

lisimade

mini-wölkchen

Elisabeth hat für ihre Tunika in Größe 38 eine weich fallende Baumwolle ausgesucht. Das Rankenmuster ist dezent, so lässt sich die Tunika vielseitig kombinieren. Elisabeth trägt sie gerne zu einem schmalen Rock oder zu Jeggings.

Ganz aktuell im Blätterdesign hat sich Nicole ihre Tunika in Größe 40 aus leichter Viskose genäht. Die neonroten Rollsäume setzen farbliche Akzente und verleihen der Tunika das gewisse Etwas. Ins Büro trägt sie die Tunika gerne zu einer schicken Hose, in der Freizeit zu Jeans.

SCHWIERIGKEITSGRAD 1
GRÖSSE 34–50
FERTIGMASSTABELLE
Seite 88
SCHNITTMUSTERBOGEN
1A, orange, Modell 3

Top mit Spaghetti-Trägern

LUFTIG LEICHT UND SOMMERFRISCH

WAS DU FÜR DEIN PROJEKT BRAUCHST

Stoff 1: Satin in Blau mit buntem Blumenmuster, siehe Fertigmaßtabelle | Vlieseline H 180 für die Belege, 30 cm | Farblich passendes Nähgarn | BH-Zubehör in Blau: 2 Ringe, 2 Schnallen, ø 12 cm

NAHTZUGABEN

Alle Schnittteile mit 1 cm NZG zuschneiden. Am Saum 2 cm Saumzugabe hinzugeben. Die Maßangaben für die Träger bzw. die Trägerschlaufen sind Fertigmaße, hier muss keine weitere NZG hinzugegeben werden.

ZUSCHNITT

STOFF 1

1x Schnittteil Vorderteil im Bruch

1x Schnittteil Rückenteil im Bruch

1x Schnittteil Beleg Vorderteil im Bruch

1x Schnittteil Beleg Rückenteil im Bruch

2x Träger, 40 cm x 3,5 cm
(wenn die Träger nicht zum Verstellen genäht werden sollen, bitte die Länge nach Tabellenmaß zuschneiden, Trägerschlaufen sind dann nicht nötig)

2x Trägerschlaufen, 8 cm x 3,5 cm

VLIESELINE

1x Schnittteil Beleg Vorderteil im Bruch

1x Schnittteil Beleg Rückenteil im Bruch

ANLEITUNG

[1] Beide Träger und beide Trägerschlaufen längs mittig r-a-r legen und zusammensteppen, die NZG beträgt hier 0,75 cm, sodass ein Träger ein Fertigmaß von 1 cm Breite hat. Die NZG vorsichtig einkürzen und die Träger und Trägerschlaufen mithilfe einer Wendenadel wenden. Die Träger so bügeln, dass die Naht mittig auf der Rückseite liegt. Sollen die Träger nicht zum Verstellen genäht werden, müssen keine Trägerschlaufen genäht werden.

[2] Die unversäuberten Belege mit Vlieseline verstärken und die Unterkante versäubern.

[3] Die Brustabnäher am Vorderteil gemäß Grundanleitung nähen (siehe Seite 126).

[4] Das Vorderteil r-a-r auf das Rückenteil legen und die Seitennähte schließen.

[5] Den Beleg Vorderteil r-a-r auf den Beleg Rückenteil legen und die Seitennaht schließen.

[6] Die verstellbaren Träger gemäß Grundanleitung am Top in der NZG festnähen (siehe Seite 135).

[7] Den Beleg r-a-r an die Oberkante des Tops stecken, sodass die Träger dazwischenliegen und nach unten zeigen, und rundherum zusammensteppen. Die NZG vorsichtig einkürzen, an der Ausschnittspitze vorsichtig bis 1 mm zur Naht einschneiden. Den Beleg nach innen umklappen und die Oberkante gut bügeln.

[8] Nun wahlweise den Ausschnitt rundherum knappkantig von rechts auf dem Top absteppen, um den Beleg zu fixieren. Bei sehr feinen Stoffen wie Satin oder Seide alternativ nur den Beleg an der NZG feststeppen. Dazu Beleg und Top nochmals auseinanderziehen und die NZG in den Beleg bügeln. Auf der NZG die NZG und den Beleg zusammensteppen, dabei den Bereich des Trägeransatzes am Vorderteil aussparen.

[9] Damit der Beleg beim Tragen nicht nach oben rutschen kann, ihn an der Unterkante mit einigen Stichen an der NZG der Seitennaht fixieren.

[10] Das Top gemäß Grundanleitung säumen (siehe Seite 125).

MEIN TIPP

Das Top hat optionale Taillenabnäher am Rückenteil. Wenn das Top figurnaher sitzen soll, können diese gemäß der Grundanleitung (siehe Seite 126) genäht werden.

Aus Satin wirkt das Top sehr edel. Es sind aber auch andere, fließend fallende Stoffe möglich.

Die Träger können optional auch ohne Verstellmöglichkeit genäht werden.

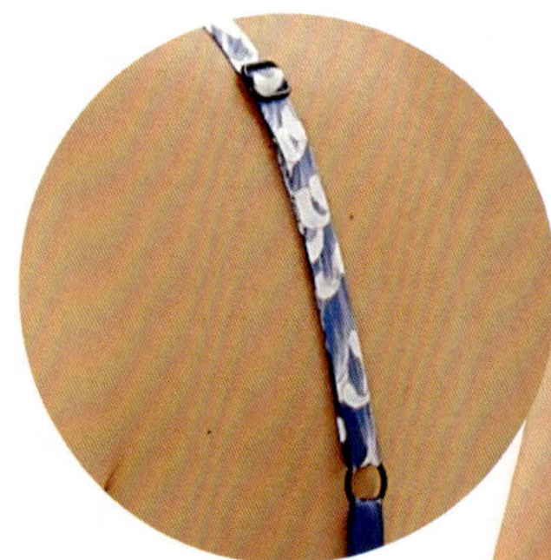

Online gibt es die 360°-Ansicht dieses Modells mit Zoomfunktion. So kannst du dir die Passform und die Details rundherum anschauen.

360° Fashion

Hier geht es zur 360°-Ansicht:
www.frech.de/8145db30

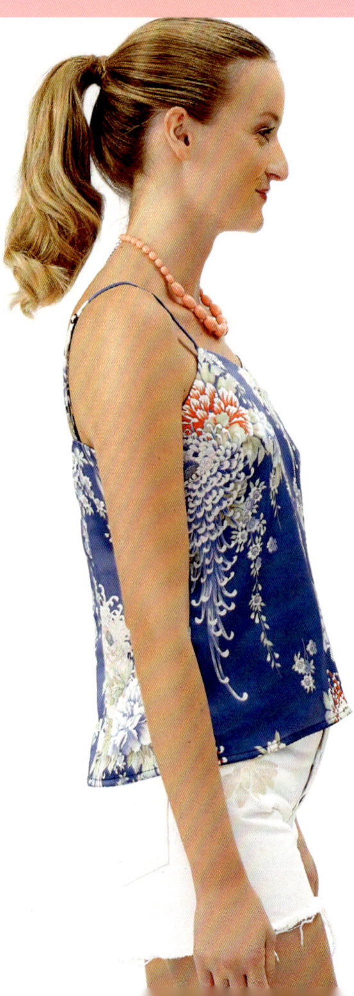

Brustabnäher sorgen für eine gute Passform.

Wer mag, näht Taillenabnäher ins Rückenteil. So fällt das Top noch schmaler.

Andrea hat sich das Top in Größe 36 aus einer leicht fallenden Viskose mit einem Bordürenprint im Ethnolook genäht. Sie trägt es in ihrer Freizeit sowohl zu Röcken als auch zu Hosen. Soll es mal „angezogener“ wirken, kommt einfach eine kleine Jacke drüber.

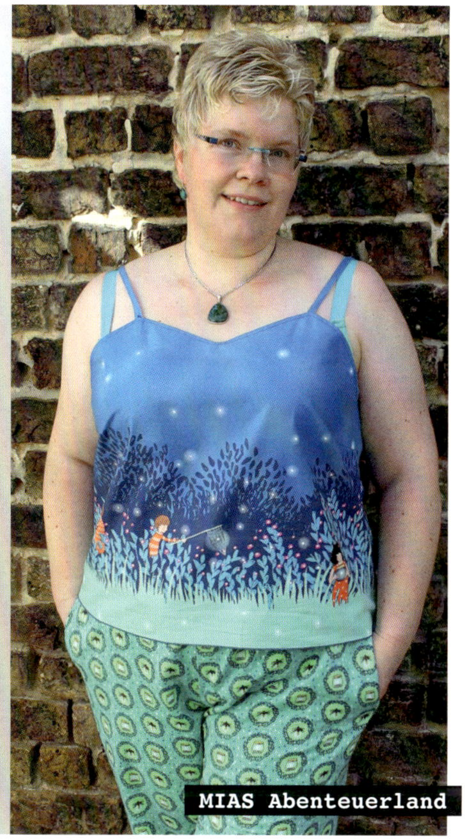

Nicole liebt es bunt und hat sich deshalb für einen ausgefallenen, leichten Baumwollstoff entschieden. Das Top in Größe 50 kombiniert sie besonders gerne zu Jeans oder zur gemütlichen Relaxhose (siehe Seite 56). Diese hat sie sich aus einem weichen Flanell genäht, der perfekt zur Farbwelt des Tops passt.

DESIGNBEISPIELE MEINES GENIALEN PROBENÄHTEAMS

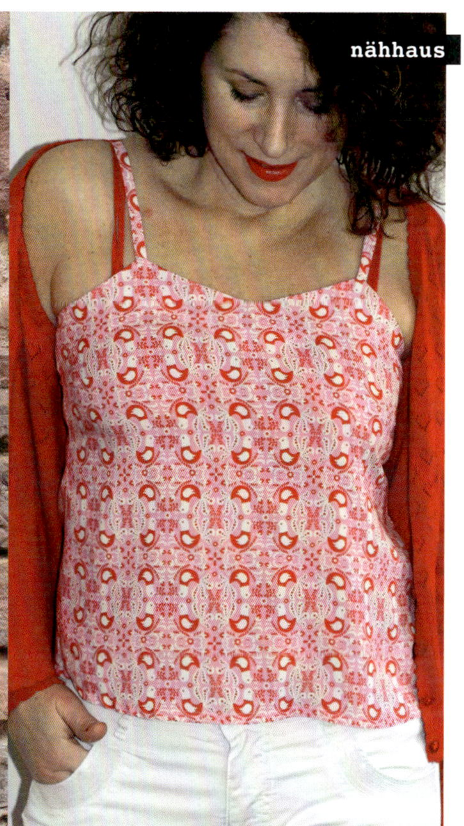

Simone hat sich das Top in Größe 42 genäht. Die Abnäher im Rückenteil hat sie weggelassen, damit das Top locker und luftig fällt. Die geblümte Baumwolle ist von einer etwas festeren Qualität und hat einen leichten Stand.

Ursula trägt das Top in Größe 38. Die in Rottönen gemusterte Viskose passt zu vielem. Toll sieht das Top wie hier gezeigt mit einer weißen Hose und einem roten Strickjäckchen aus. Mit diesem Outfit ist Ursula perfekt für eine Gartenparty gekleidet. Farblich passende BH-Träger dürfen übrigens gerne hervorblitzen.

Tunika mit Bommeln

LUFTIG GESCHNITTEN IM BOHO-LOOK

WAS DU FÜR DEIN PROJEKT BRAUCHST

Stoff 1: Batist in Hellblau, siehe Fertigmaßtabelle | Vlieseline H 180 für die Belege, 30 cm | Farblich passendes Nähgarn | Borte in Cremeweiß, 3 cm breit, 70 cm lang | 2 Perlen in Rosa, Durchlass ø 0,5 cm | 2 fertige Tasseln in Cremeweiß, 5 cm lang

NAHTZUGABEN

Alle Schnittteile mit 1 cm NZG zuschneiden. Am Saum 2 cm Saumzugabe hinzugeben. Die Maßangaben für die Bänder sind Fertigmaße, hier muss keine weitere NZG hinzugegeben werden.

ZUSCHNITT

STOFF 1

1x Schnittteil Vorderteil im Bruch (Schlitz nicht einschneiden)

1x Schnittteil Rückenteil im Bruch

2x Schnittteil Ärmel gegengleich

2x Schnittteil Ärmelvolant

1x Schnittteil Beleg Vorderteil im Bruch (Schlitz nicht einschneiden)

1x Schnittteil Beleg Rückenteil im Bruch

2x Schnittteil Ansatz im Bruch

1x Streifen für die Bänder, 60 cm x 3,6 cm

VLIESELINE

1x Schnittteil Beleg Vorderteil im Bruch (Schlitz nicht einschneiden)

1x Schnittteil Beleg Rückenteil im Bruch

ANLEITUNG

[1] Die Brustabnäher am Vorderteil gemäß Grundanleitung nähen (siehe Seite 126).

[2] Für die Bänder am Halsausschnitt den Stoffstreifen gemäß Grundanleitung nähen (siehe Schmale Bänder nähen, Seite 135), sodass ein Band mit einer Länge von 60 cm und einer Breite von 0,8 cm entsteht.

[3] Beide Vorderteile r-a-r auf das Rückenteil legen und die Schulternähte schließen. Die NZG auseinanderbügeln.

[4] Die unversäuberten Belege mit Vlieseline verstärken und zunächst nur an der Schulternaht versäubern. Den Beleg Vorderteil r-a-r auf den Beleg Rückenteil legen und die Schulternähte nähen. Die NZG auseinanderbügeln.

[5] Den fertig genähten Beleg rundherum an der Außenkante versäubern. Die versäuberte NZG sauber auf links bügeln.

[6] Mit Schneiderkreide den Schlitz (gemäß Schnittteil/kleiner Querstrich am Bruch) auf die linke Stoffseite des Belegs zeichnen.

[7] Den Beleg r-a-r an den Halsausschnitt der Bluse stecken. Das 0,8 cm breite Band an der Oberkante des Schlitzes quer zwischen Bluse und Beleg stecken. Es muss exakt unterhalb der am Halsausschnitt verlaufenden Naht liegen.

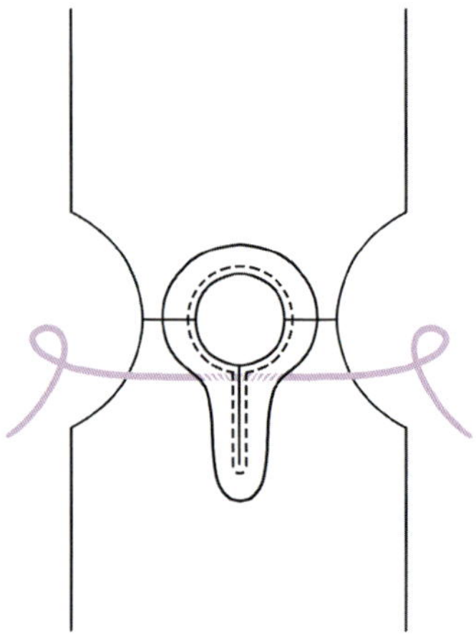

[8] Den Beleg rundherum am Halsausschnitt und entlang des Schlitzes feststeppen. Dabei am Halsausschnitt mit regulärer NZG von 1 cm, entlang des Schlitzes möglichst 1 bis 2 mm rechts und links davon nähen und über das Band nähen.

[9] Die NZG einkürzen und den Beleg inklusive Vorderteil an der Schlitzmarkierung vorsichtig bis zur Spitze einschneiden, dabei das Band durchschneiden. Den Beleg auf die Innenseite der Bluse legen und den Halsausschnitt sauber bügeln. Den Halsausschnitt und den Schlitz knappkantig absteppen.

[10] Den Beleg entlang der Außenkante rundherum feststeppen. Dabei möglichst auf der Blusenseite nähen. Dafür entweder die Nahtlinie zuvor mit Schneiderkreide anzeichnen oder beim Nähen fühlen.

SCHWIERIGKEITSGRAD 3
GRÖSSE 34–50
FERTIGMASSTABELLE
Seite 89
SCHNITTMUSTERBOGEN 1A+1B, dunkelblau, Modell 4

[11] Jeweils einen Volant r-a-r an die Unterkante eines Ärmels stecken und feststeppen. Die NZG nach oben in den Ärmel bügeln. Darüber die Borte stecken und feststeppen.

[12] Beide Ansatz-Schnittteile an der Oberkante gemäß Grundanleitung einkräuseln (siehe Seite 127), sodass sie der Länge der Unterkante des Vorder- bzw. Rückenteils der Tunika entsprechen.

[13] Je einen eingekräuselten Ansatz r-a-r an die Unterkante des Vorder- bzw. des Rückenteils stecken und feststeppen. Die NZG nach oben bügeln und knappkantig von rechts absteppen.

[14] Die Ärmel gemäß Grundanleitung einnähen (siehe Seite 131).

[15] Das Vorder- und Rückenteil sowie die Ärmel sauber r-a-r legen und jeweils einen Ärmel und die Seitennaht in einem Zug schließen.

[16] Die Ärmel und die Bluse gemäß Grundanleitung säumen (siehe Seite 125).

[17] Über jeweils ein Bandende eine Perle ziehen und die Tasseln festnähen.

MEIN TIPP

Bei dieser Tunika passen auch die Ärmel der lässigen Tunika (siehe Seite 24).

Die angesetzten Volants an den Ärmeln können mit den verschiedensten Borten und Bändern verziert werden.

Quasten oder Tasseln verleihen der Tunika den angesagten Boho-Schick. Du kannst sie fertig kaufen oder selber machen.

Online gibt es die 360°-Ansicht dieses Modells mit Zoomfunktion. So kannst du dir die Passform und die Details rundherum anschauen.

360° Fashion

Hier geht es zur 360°-Ansicht: www.frech.de/8145db40

Baumwollbatist fällt besonders weich, es eignen sich aber auch Leinen, Musselin oder Viskose, wie die Beispiele der Probenäherinnen zeigen.

Der Volant am Saum verleiht der Tunika eine romantische Note. Die Ansatznaht kann ebenfalls mit Bändern oder Borten verziert werden.

Christiane hat sich für eine leichte Baumwolle mit einem Polyesteranteil in Hellblau entschieden. Um den Boholook noch mehr zu unterstreichen, hat sie eine bunte Bommelborte aufgesetzt. Sie kombiniert ihre Tunika sehr gerne zur schmalen Jeans oder zu Leggings. Christiane hat Größe 44 genäht.

Immes Tunika ist aus einem leichten, ockerfarbenen Musselin genäht, der sehr luftig fällt. Sie trägt Größe 42 und kombiniert ihre Tunika sehr gerne zur weißen oder blauen Jeans.

DESIGNBEISPIELE MEINES GENIALEN PROBENÄHTEAMS

Simones Tunika aus pinkfarbenem, etwas festerem Leinenstoff wirkt durch die Bommelborte in Orange- und Rosatönen sehr fröhlich und frisch. Sie eignet sich perfekt, um nach einem langen Winter Farbe in die Garderobe zu bringen. Simone hat die Tunika in Größe 42 genäht.

Die weiße Tunika aus leichter Viskose von Anne lässt sich vielseitig kombinieren. Besonders schön passt sie zu Jeans oder auch Jeansshorts. Sie ist aber auch praktisch, um sie sich am Strand oder im Freibad schnell mal über den Bikini zu ziehen. Anne hat Größe 38 genäht.

Lässige Tunika

KOMBITALENT FÜR VIELE GELEGENHEITEN

WAS DU FÜR DEIN PROJEKT BRAUCHST

Stoff 1: Viskose mit Stickerei in Weiß, siehe Fertigmaßtabelle | Vlieseline H 180 für die Belege, 45 cm | Farblich passendes Nähgarn

NAHTZUGABEN

Alle Schnittteile mit 1 cm NZG zuschneiden. Am Saum 2 cm Saumzugabe hinzugeben.

ZUSCHNITT

STOFF 1

1x Schnittteil Vorderteil im Bruch

1x Schnittteil Rückenteil im Bruch

2x Schnittteil Ärmel gegengleich

1x Schnittteil Beleg Vorderteil im Bruch

1x Schnittteil Beleg Rückenteil im Bruch

1x Schnittteil Vorderteil Ansatz im Bruch

1x Schnittteil Rückenteil Ansatz im Bruch

VLIESELINE

1x Schnittteil Beleg Vorderteil im Bruch

1x Schnittteil Beleg Rückenteil im Bruch

ANLEITUNG

[1] Die Brustabnäher am Vorderteil gemäß Grundanleitung nähen (siehe Seite 126).

[2] Das Vorderteil r-a-r auf das Rückenteil legen und die Schulternähte schließen. Die NZG auseinanderbügeln.

[3] Die unversäuberten Belege mit Vlieseline verstärken und zunächst nur an den kurzen Enden versäubern. Den Beleg Vorderteil r-a-r auf den Beleg Rückenteil legen und die Schulternähte nähen. Die NZG auseinanderbügeln.

[4] Den fertig genähten Beleg rundherum an der Außenkante versäubern.

[5] Den Beleg r-a-r an den Halsausschnitt der Bluse stecken und rundherum am Halsausschnitt feststeppen.

[6] Die NZG einkürzen und den Beleg vorsichtig bis zur Spitze einschneiden. Den Beleg auf die Innenseite der Bluse legen und den Halsausschnitt sauber bügeln. Den Halsausschnitt knappkantig absteppen.

[7] Den Vorderteil Ansatz und den Rückenteil Ansatz an der Oberkante gemäß Grundanleitung einkräuseln (siehe Seite 127), sodass er jeweils der Länge der Unterkante des Vorder- bzw. Rückenteils der Bluse entspricht.

[8] Die eingekräuselten Ansatz-Teile r-a-r passend an die Unterkante des Vorder- bzw. Rückenteils stecken und feststeppen. Die Rückenseite genauso arbeiten. Die NZG nach oben bügeln und knappkantig von rechts absteppen.

[9] Die Ärmel gemäß Grundanleitung einnähen (siehe Seite 131).

[10] Das Vorder- und Rückenteil sowie die Ärmel sauber r-a-r legen und jeweils einen Ärmel und die Seitennaht in einem Zug schließen.

[11] Die Ärmel und die Bluse gemäß Grundanleitung säumen (siehe Seite 125).

MEIN TIPP

Hier passen auch die Volantärmel der Tunika mit Bommeln (siehe Seite 20).

SCHWIERIGKEITSGRAD 2
GRÖSSE 34–50
FERTIGMASSTABELLE
Seite 89
SCHNITTMUSTERBOGEN
1A+1B, rosa, Modell 5

Die fließende Viskose mit einer gestickten Bordüre eignet sich für die weit geschnittene Tunika perfekt.

Durch die Kräuselung fällt die Tunika luftig – das ideale Teil für den Sommer.

Online gibt es die 360°-Ansicht dieses Modells mit Zoomfunktion. So kannst du dir die Passform und die Details rundherum anschauen.

360° Fashion

Hier geht es zur 360°-Ansicht: www.frech.de/8145db50

Die weiten Ärmel bieten dir Bewegungsfreiheit und engen an heißen Tagen nicht ein.

Zu der lockeren Bluse wirkt eine enge Hose am besten.

Nicole hat für ihre Tunika einen leichten, weich fallenden Baumwollpopeline mit Streublümchen und Blümchenbordüre verwendet. Unter der Tunika trägt sie ein Trägertop in leuchtendem Gelb, das sich in den Blümchen wiederholt. Nicole hat Größe 50 genäht.

MIAS Abenteuerland

Kathis Nähwelt

Kathi zeigt mit ihrem Designbeispiel wunderbar, dass sich die Bluse toll für die Schwangerschaft eignet. Durch die Raffung unter der Brust und den fließenden Viskosestoff ist der Babybauch wunderbar verpackt. Wenn das Baby dann da ist, lassen sich die Babypfunde perfekt kaschieren. Kathi trägt ein farblich perfekt passendes Top unter ihrer Bluse, die sie in Größe 40 genäht hat.

DESIGNBEISPIELE MEINES GENIALEN PROBENÄHTEAMS

Nina liebt die Kombination von Altrosa und Hellblau. Die romantischen Spitzenabschlüsse an den Ärmeln bilden einen tollen Kontrast zum grafischen Streifenstoff. Sie trägt unter der Bluse ein schlichtes Top und kombiniert sie besonders gerne zu Jeans. Nina hat die Bluse in Größe 42 genäht.

Hinta Palinta

krötenkrempel

Zarter Voile eignet sich wunderbar für dieses Modell. Christiane hat sich für Rosa mit einem floralen Muster entschieden. Am liebsten trägt sie ihre Tunika zu Jeans und hohen Schuhen. Sie hat Größe 44 genäht.

Bluse im Hemdblusenstil

EINFACHER GENÄHT, ALS GEDACHT

WAS DU FÜR DEIN PROJEKT BRAUCHST

Stoff 1: klassischer Blusenstoff in Blau-Weiß gestreift, siehe Fertigmaßtabelle | Vlieseline H 180 für die Belege, 40 cm | Farblich passendes Nähgarn | 6–8 Knöpfe in Weiß, ø 1 cm

NAHTZUGABEN

Alle Schnittteile mit 1 cm NZG zuschneiden. Am Saum 2 cm Saumzugabe hinzugeben. Das Schnittteil für die Ärmelschlitz-Einfassung sowie der Schlitz selbst werden ohne zusätzliche NZG zugeschnitten.

ZUSCHNITT

STOFF 1

2x Schnittteil Vorderteil gegengleich

1x Schnittteil Rückenteil im Bruch

2x Schnittteil Ärmel gegengleich (Schlitz an der Linie ausschneiden)

2x Schnittteil Kragen im Bruch

2x Schnittteil Beleg Vorderteil gegengleich

1x Schnittteil Beleg Rückenteil im Bruch

2x Schnittteil Ärmelbündchen

2x Schnittteil Einfassung für Ärmelschlitz

VLIESELINE

1x Schnittteil Kragen im Bruch

2x Schnittteil Beleg Vorderteil gegengleich

1x Schnittteil Beleg Rückenteil im Bruch

ANLEITUNG

[1] Die Brustabnäher an den Vorderteilen gemäß Grundanleitung nähen (siehe Seite 126).

[2] Die Außenseite des Kragens mit Vlieseline verstärken. Beide Kragenteile r-a-r legen und die kurzen Seiten sowie die lange gerade Oberkante des Kragens zusammensteppen. Die NZG vorsichtig zurückschneiden, die Ecken abschrägen. Den Kragen wenden und gut bügeln. Knappkantig von rechts absteppen.

[3] Die Ärmelschlitze mit den Ärmelschlitzeinfassungen einfassen (siehe Grundanleitung Einfassen mit Schrägband Seite 128).

[4] Beide Vorderteile r-a-r auf das Rückenteil legen und die Schulternähte schließen.

[5] Die unversäuberten Belege mit Vlieseline verstärken und zunächst nur an der Schulternaht versäubern. Beide Belege Vorderteil r-a-r auf den Beleg Rückenteil legen und die Schulternähte schließen. Die Außenkante der Belege rundherum versäubern, auseinanderklappen und bügeln.

[6] Den Kragen gleichmäßig am Halsausschnitt feststecken, dabei liegt die Unterseite des Kragens auf der rechten Stoffseite der Bluse. Zum Feststecken am besten von der hinteren Mitte ausgehend beide Seiten nach vorne feststecken und anschließend in der NZG festnähen, sodass er nicht verrutschen kann.

[7] Den Beleg r-a-r am Halsausschnitt und an der vorderen Blusenöffnung feststecken. Der Kragen liegt zwischen Bluse und Beleg. Den Beleg feststeppen. Anschließend die NZG einkürzen, an den Ecken vorsichtig bis 1 mm zur Naht einschneiden. Den Beleg nach innen wenden und rundherum gut bügeln. Die Blusenöffnung und entlang des Halsausschnittes unterhalb des Kragens knappkantig absteppen.

[8] Die Ärmel gemäß Grundanleitung einnähen (siehe Seite 131).

[9] Das Vorder- und Rückenteil sowie die Ärmel sauber r-a-r legen und jeweils einen Ärmel und die Seitennaht in einem Zug schließen.

[10] Die Ärmelbündchen entlang der Umbruchlinie r-a-r legen und die Enden jeweils bis zum Passzeichen zusammensteppen. Die NZG in diesem Bereich einkürzen, die NZG im Bereich der Öffnung stehen lassen.

[11] Die Ärmelbündchen wenden und gut bügeln, dabei die NZG im Bereich der Öffnung auf der Ober- und Unterseite so nach innen bügeln, dass beide Kanten bündig aufeinanderliegen.

[12] Je ein Ärmelbündchen mit der Öffnung über einen Ärmelabschluss schieben, dabei liegen die beiden Enden im Bereich des Schlitzes, während die Öffnung den ge-

SCHWIERIGKEITSGRAD 3
GRÖSSE 34–50
FERTIGMASSTABELLE
Seite 89
SCHNITTMUSTERBOGEN
2A+2B, rot, Modell 6

samten Ärmelabschluss umfasst. Zum Feststecken viele Nadeln verwenden, damit die Ärmelbündchen nicht verrutschen können. Die Ärmelbündchen rundherum knappkantig absteppen, dabei wird das Ärmelbündchen automatisch am Ärmelabschluss festgesteppt und die Öffnung geschlossen.

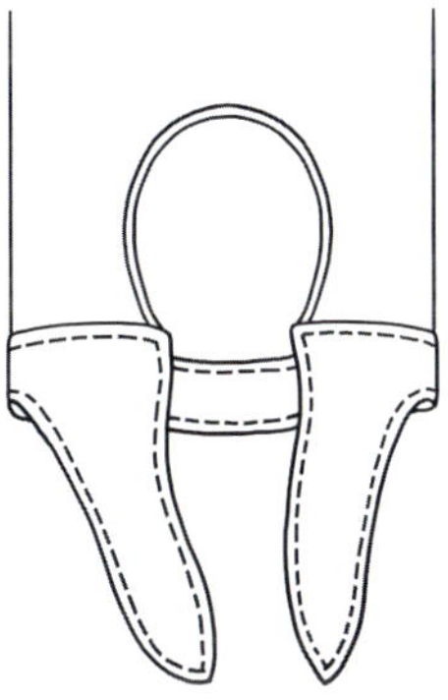

[13] Die Bluse gemäß Grundanleitung säumen (siehe Seite 125).

[14] Zuletzt im rechten Vorderteil der Bluse (Draufsicht) im gleichmäßigen Abstand 6 bis 8 Knopflöcher entlang der im Schnittmuster eingezeichneten Linie der Knopfleiste einarbeiten und die Knöpfe passend auf der andere Seite annähen. Wichtig ist, die exakte Position der Knopfleiste zu beachten, da die Bluse sonst zu weit oder zu eng werden könnte.

MEINE TIPPS

Sollte eine Knopfleiste schöner als die andere geworden sein, können auch die Seiten für die Knöpfe und Knopflöcher getauscht werden. Die Bluse hat optionale Taillenabnäher im Rücken und auf der Vorderseite. Wem die Bluse zu leger sitzt und wer sie lieber figurnaher tragen möchte, kann nachträglich die Taillenabnäher nähen. Das Schnittmuster für den Ärmel enthält ebenfalls eine Schnittkante für kurze Ärmel.

Der Kragen sieht super aus und ist zudem ganz einfach zu nähen. Trau dich!

Die geknoteten Ärmel sind ein ganz besonderer Hingucker und verleihen der Bluse einen romantischen Touch.

Online gibt es die 360°-Ansicht dieses Modells mit Zoomfunktion. So kannst du dir die Passform und die Details rundherum anschauen.

360° Fashion

Hier geht es zur 360°-Ansicht:

www.frech.de/8145db60

Wenn du keine Knopflöcher nähen möchtest, kannst du auch Druckknöpfe anbringen.

Für mehr Taillierung kannst du auch noch nachträglich Taillenabnäher anbringen.

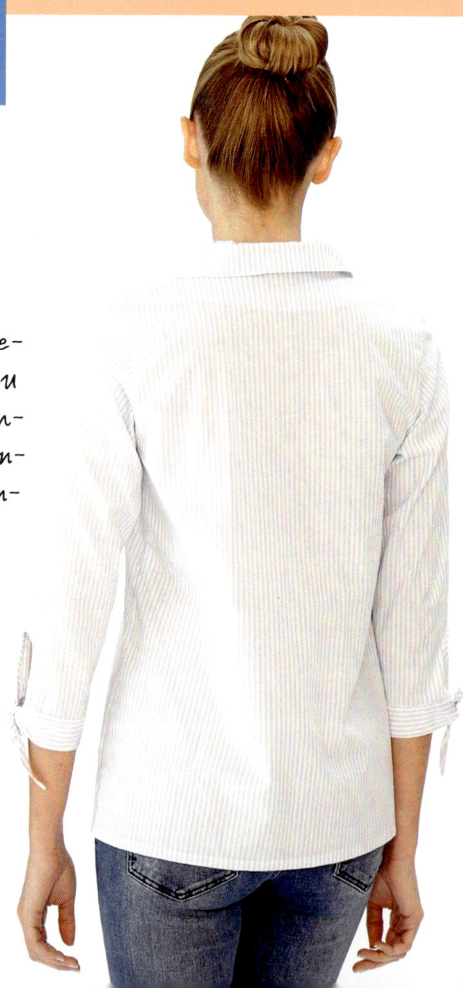

Anna hat sich eine schlichte, gut kombinierbare Bluse gewünscht. Sie hat sich für eine Baumwolle mit Struktur entschieden. Da die Bluse eher schlicht und klassisch anmutet, trägt Anna sie gerne im Büro. Sie hat Größe 36 genäht.

Anne hat sich für einen blau karierten, leichten Baumwollstoff entschieden. So passt die Bluse super zu Jeans. Sie hat die Bluse in Größe 38 genäht.

DESIGNBEISPIELE MEINES GENIALEN PROBENÄHTEAMS

Nicole hat sich eine elegante Variante der Bluse aus einem dunkelgrünen, leicht glänzenden Baumwollsatin in Größe 40 genäht. Sie liebt ihre Bluse für feinere Anlässe oder das Business und kombiniert sie am liebsten zu einer schicken Hose.

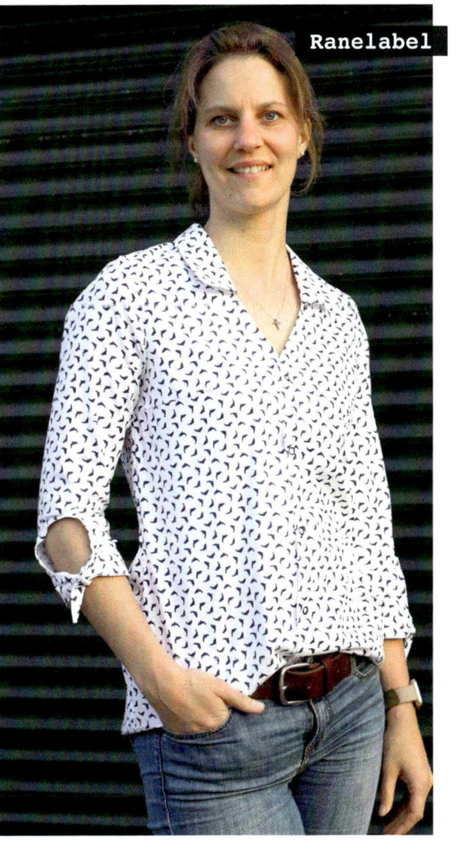

Für ihre neue Lieblingsbluse hat Christiane eine bedruckte Baumwolle mit fließendem Fall ausgesucht. Am liebsten trägt sie sie zu Jeans, vorne reingesteckt und hinten über den Bund. Da sie einen langen Oberkörper hat, hat sie die Taille um 3 cm nach unten versetzt und entsprechend verlängert. Sie hat sich für Druckknöpfe entschieden – ideal für alle, die sich (noch) nicht an Knopflöcher herantrauen. Christiane hat Größe 38 genäht.

Bluse mit Stehkragen

MIT VIELEN DEKORATIVEN DETAILS

WAS DU FÜR DEIN PROJEKT BRAUCHST

Stoff 1: Viskose in Magenta mit grafischem Muster, siehe Fertigmaßtabelle | Vlieseline H 180, 30 cm | Farblich passendes Nähgarn | Elastik-Kordel in Blau als Knopfschlaufe, ø 1,5 mm, 2x 4 cm lang | 2 Knöpfe in Blau, ø 1 cm

NAHTZUGABEN

Alle Schnittteile mit 1 cm NZG zuschneiden. Am Saum 2 cm Saumzugabe hinzugeben.

ZUSCHNITT

STOFF 1

1x Schnittteil Vorderteil im Bruch

1x Schnittteil Rückenteil im Bruch (Schlitz nicht einschneiden)

2x Schnittteil Ärmel gegengleich (Schnittkante kleiner Volant)

2x Schnittteil Ärmelvolant klein

1x Schnittteil Beleg Vorderteil im Bruch

1x Schnittteil Beleg Rückenteil im Bruch (Schlitz nicht einschneiden)

2x Schnittteil Stehkragen im Bruch

VLIESELINE

1x Schnittteil Beleg Vorderteil im Bruch

1x Schnittteil Beleg Rückenteil im Bruch (Schlitz nicht einschneiden)

1x Schnittteil Stehkragen im Bruch

ANLEITUNG

[1] Die Brustabnäher am Vorderteil gemäß Grundanleitung nähen (siehe Seite 126).

[2] Das Vorderteil r-a-r auf das Rückenteil legen und die Schulternähte schließen. Die NZG auseinanderbügeln.

[3] Beide unversäuberten Belege mit Vlieseline verstärken und zunächst nur an der Schulternaht versäubern. Den Beleg Vorderteil r-a-r auf den Beleg Rückenteil legen und die Schulternähte nähen. Die NZG auseinanderbügeln.

[4] Den fertig genähten Beleg rundherum an der Außenkante versäubern.

[5] Die Außenseite des Stehkragens mit Vlieseline verstärken. Beide Kragenteile r-a-r legen. Eine Elastik-Kordel zur Schlinge legen und an einer kurzen Kragenseite zwischen beide Kragenteile stecken. Die Schlaufe der Kordel zeigt zum Kragen, die Enden liegen an der Außenkante (siehe Grundanleitung Schlingenverschluss nähen, Seite 133). Die zweite Schlinge direkt darunter genauso arbeiten. Die kurzen Seiten sowie die lange gerade Oberkante des Kragens zusammensteppen. Die NZG vorsichtig zurückschneiden. Den Kragen wenden und gut bügeln. Knappkantig von rechts absteppen.

[6] Den Schlitz (gemäß Schnittteil/kleiner Querstrich am Bruch) mit Schneiderkreide auf die linke Stoffseite des Belegs zeichnen.
Den Beleg r-a-r an den Halsausschnitt der Bluse stecken. Den Kragen zwischen Beleg und Bluse stecken.

[7] Den Beleg rundherum am Halsausschnitt und entlang des Schlitzes feststeppen. Dabei am Halsausschnitt mit regulärer NZG von 1 cm, entlang des Schlitzes möglichst 1 bis 2 mm rechts und links davon steppen.

[8] Die NZG einkürzen und den Beleg inklusive Rückenteil entlang der Schlitzmarkierung vorsichtig bis zur Spitze einschneiden. Den Beleg auf die Innenseite der Bluse legen und den Halsausschnitt sauber bügeln. Den Halsausschnitt und den Schlitz knappkantig absteppen, den Kragen vorher hochklappen.

[9] Jeweils einen Volant r-a-r an die Unterkante eines Ärmels stecken und feststeppen. Die NZG nach oben in den Ärmel bügeln und nach Wunsch knappkantig absteppen.

[10] Die Ärmel gemäß Grundanleitung einnähen (siehe Seite 131).

[11] Das Vorder- und Rückenteil sowie die Ärmel sauber r-a-r legen und jeweils einen Ärmel und die Seitennaht in einem Zug schließen.

[12] Die Ärmel und die Bluse gemäß Grundanleitung säumen (siehe Seite 125).

[13] Die Knöpfe gegenüber den Schlaufen passend von Hand annähen.

SCHWIERIGKEITSGRAD 2
GRÖSSE 34–50
FERTIGMASSTABELLE
Seite 90
SCHNITTMUSTERBOGEN
1A+1B, blau, Modell 2

Von vorne wirkt der kleine Stehkragen fast brav, erst auf der Rückseite gewährt er Einblicke.

Die kleinen Ärmelvolants sind ein romantischer Hingucker, können aber auch weggelassen werden.

Online gibt es die 360°-Ansicht dieses Modells mit Zoomfunktion. So kannst du dir die Passform und die Details rundherum anschauen.

360° Fashion

Hier geht es zur 360°-Ansicht:
www.frech.de/8145db70

Für diese Bluse solltest du unbedingt weich fallende Stoffe verwenden.

Der Schlitz mit Schlaufenverschluss ist das Highlight dieses Modells. Wie du ihn nähst, wird ausführlich beschrieben.

Dass das Blusenshirt auch aus einem ganz schlichten Stoff toll wirkt, beweist Anne mit ihrer Variante aus altrosa Viskose. Annes Bluse ist ein echtes Kombiwunder, sie lässt sich zu Jeans, zu einer eleganten Stoffhose und zu Röcken tragen. Sie hat das Shirt in Größe 38 genäht.

Dieses Modell in Größe 38 hat Nicole für ihre Oma Inge genäht, die sich eine schicke Bluse anlässlich Ihres 80.Geburtstags wünschte. Nicole hat die Ärmel auf Dreiviertellänge gekürzt und eine weiche Baumwolle verwendet. Inge kombiniert eine Kette mit bunten Glasperlen und eine taupefarbene Hose zum Blusenshirt.

DESIGNBEISPIELE MEINES GENIALEN PROBENÄHTEAMS

Ursulas Blusenshirt in Größe 38 aus weich fallender Viskose mit Zitronenprint sorgt für Sommerlaune. Sie hat die Ärmelsäume mit dem Flatlockstich der Overlockmaschine versäubert, anstatt einen Saum zu nähen. So fallen die Ärmel besonders leicht und luftig.

Nicole hat für Ihre Interpretation der Bluse einen Voile verwendet. Sie hat die Ärmel auf 2/3 gekürzt und den Volant von der Tunika mit Faltensaum (siehe Seite 12) angesetzt. Als Highlight hat sie um den Kragen ein Samtband gebunden. Nicole trägt ihre Bluse (Größe 40) sehr gerne mit einer schwarzen, engen Hose oder einem Bleistiftrock bei festlichen Anlässen.

Kleid mit Flügelärmeln

EIN VIELSEITIGES BASIC

WAS DU FÜR DEIN PROJEKT BRAUCHST

Stoff 1: Viskose in Blau mit blauen Kranichen, siehe Fertigmaßtabelle | Vlieseline H 180 für die Belege, 30 cm | Farblich passendes Nähgarn

NAHTZUGABEN

Alle Schnittteile mit 1 cm NZG zuschneiden. Am Saum 2 cm Saumzugabe hinzugeben.

ZUSCHNITT

STOFF 1

1x Schnittteil Vorderteil im Bruch

1x Schnittteil Rückenteil im Bruch

2x Schnittteil Flügelärmel gegengleich

1x Schnittteil Beleg Vorderteil im Bruch

1x Schnittteil Beleg Rückenteil im Bruch

VLIESELINE

1x Schnittteil Beleg Vorderteil im Bruch

1x Schnittteil Beleg Rückenteil im Bruch

ANLEITUNG

[1] Die Brustabnäher am Vorderteil gemäß Grundanleitung nähen (siehe Seite 126). Die Taillenabnäher an Vorder- und Rückenteil sind optional und werden noch nicht genäht.

[2] Das Vorderteil r-a-r auf das Rückenteil legen und die Schulternähte schließen.

[3] Die unversäuberten Belege mit Vlieseline verstärken und zunächst nur an der Schulternaht versäubern. Beleg Vorderteil und Beleg Rückenteil r-a-r aufeinanderlegen und die Schulternähte nähen. Die NZG auseinanderbügeln. Anschließend die Außenkante des Belegs rundherum versäubern.

[4] Den Beleg r-a-r auf den Halsausschnitt des Kleides stecken und rundherum zusammensteppen. Die NZG einkürzen und an der Spitze des V-Ausschnittes vorsichtig bis kurz vor die Naht einschneiden. Den Beleg wenden und den Ausschnitt gut bügeln.

[5] Den Halsausschnitt knappkantig absteppen. Der Beleg kann an der Außenseite mit einigen Stichen in der NZG der Schulternähte fixiert werden, damit er nicht so leicht nach außen klappt.

[6] Die Ärmel gemäß Grundanleitung einnähen (siehe Seite 131). Das Kleid sowie die Ärmel sauber r-a-r legen und jeweils einen Ärmel und die Seitennaht in einem Zug schließen.

[7] Die Ärmel und das Kleid gemäß Grundanleitung säumen (siehe Seite 125).

[8] Das Kleid hat am Vorder- und Rückenteil optionale Taillenabnäher. Wenn das Kleid figurnaher sitzen soll, können diese zusätzlich gemäß Grundanleitung genäht werden (siehe Seite 126). Bei leicht fließenden Stoffen empfiehlt es sich, nur die Taillenabnäher am Rückenteil zu nähen. Bei etwas festeren Stoffen können zusätzlich auch die Taillenabnäher am Vorderteil genäht werden. Vorher immer das Kleidungsstück anprobieren und die Abnäher abstecken.

MEINE TIPPS

Besonders schön sieht das Kleid aus, wenn in der Taille ein Gürtel getragen wird. Zusätzliche Gürtelschlaufen können wie bei dem romantischen Blusenkleid (Seite 44) genäht werden. Hier sehen auch die langen Ärmel des Blusenshirt mit V-Ausschnitt (Seite 8) sehr gut aus.

SCHWIERIGKEITSGRAD 1
GRÖSSE 34–50
FERTIGMASSTABELLE
Seite 90
SCHNITTMUSTERBOGEN
1A+1B, pink, Modell 1

Der V-Ausschnitt streckt und kann z.B. mit einer tollen Kette geschmückt werden.

Die Flügelärmel schwingen bei jeder Bewegung mit.

Online gibt es die 360°-Ansicht dieses Modells mit Zoomfunktion. So kannst du dir die Passform und die Details rundherum anschauen.

360° Fashion

Hier geht es zur 360°-Ansicht: www.frech.de/8145db80

Wenn du magst, kannst du das Kleid auch mit Gürtel tragen.

Für mehr Taillierung kannst du Taillenabnäher anbringen.

Claudia hat sich das Kleid aus einer dünnen Viskose in Lachs mit weißen Blüten genäht. Sie hat sich das Modell auf ihre Figur angepasst, indem sie das Oberteil in Größe 42 genäht hat und die Breite nach unten hin hat auslaufen lassen. Ein paar Zentimeter hat sie den Rock verlängert, da sie das Kleid mit Gürtel tragen möchte. Die Ärmel hat sie mit einem Rollsaum gesäumt, damit sie schön weich fallen.

fraulula

lariundfari

Ein perfektes Kleines Schwarzes hat sich Imme in Größe 42 genäht. Der Körper des Kleides besteht aus leichter Baumwolle, für die Ärmel hat sie Chiffon verwendet, wodurch das Modell besonders elegant wirkt. Die Ärmel fallen sehr schön, da Imme die Abschlüsse nicht versäubert hat. Mit eleganten Schuhen, einem schmalen Gürtel und einer auffälligen Kette ist sie für festliche Anlässe bestens gekleidet.

DESIGNBEISPIELE MEINES GENIALEN PROBENÄHTEAMS

Mones Atelier

Simone hat sich für einen auffällig gemusterten Voile entschieden. Ihre Taille betont sie mit einem schwarzen Bindegürtel. Mit schwarzen Strümpfen und Stiefeln kann das Kleid auch gut in der kühlen Jahreszeit getragen werden. Simone hat Größe 40 genäht.

Miss Elbneedle

Der Stoff mit Bordürendesign, den Andrea für ihre Variante des Kleides ausgewählt hat, passt perfekt zum Schnitt. Statt der Flügelärmel hat sie die langen Ärmel des Blusenshirts von Seite 44 verwendet. Schon hat das Kleid eine ganz andere Anmutung. Andrea hat Größe 42 genäht.

Kleid mit Spaghettiträgern

PERFEKT FÜR DEN HOCHSOMMER

WAS DU FÜR DEIN PROJEKT BRAUCHST

Stoff 1: Webware in Blau mit grafischem Blumenmuster, siehe Fertigmaßtabelle | Vlieseline H 180 für die Belege, 30 cm | Farblich passendes Nähgarn | BH-Zubehör in Weiß: 2 Ringe, 2 Schnallen, ø 12 cm

NAHTZUGABEN

Alle Schnittteile mit 1 cm NZG zuschneiden. Am Saum 2 cm Saumzugabe hinzugeben. Die Maßangaben für die Träger bzw. die Trägerschlaufen sind Fertigmaße, hier muss keine weitere NZG hinzugegeben werden.

ZUSCHNITT

STOFF 1

1x Schnittteil Vorderteil im Bruch (Schnittkante Ansatzlinie für Rock)

1x Schnittteil Rückenteil im Bruch (Schnittkante Ansatzlinie für Rock)

1x Schnittteil Beleg Vorderteil im Bruch

1x Schnittteil Beleg Rückenteil im Bruch

2x Schnittteil Vorderrock/Hinterrock im Bruch

2x Träger, 40 cm x 3,5 cm
(wenn die Träger nicht zum Verstellen sein sollen, bitte nach Tabellenmaß zuschneiden, Trägerschlaufen sind dann nicht notwendig)

2x Trägerschlaufen, 8 cm x 3,5 cm

VLIESELINE

1x Schnittteil Beleg Vorderteil im Bruch

1x Schnittteil Beleg Rückenteil im Bruch

ANLEITUNG

[1] Beide Träger und beide Trägerschlaufen längs mittig r-a-r legen und zusammensteppen, die NZG beträgt hier 0,75 cm, sodass ein Träger ein Fertigmaß von 1 cm Breite hat. Die NZG vorsichtig einkürzen und die Träger und Trägerschlaufen mithilfe einer Wendenadel wenden. Die Träger so bügeln, dass die Naht mittig auf der Rückseite liegt. Sollen die Träger nicht zum Verstellen genäht werden, müssen keine Trägerschlaufen genäht werden.

[2] Die unversäuberten Belege mit Vlieseline verstärken und die Unterkante versäubern.

[3] Die Brustabnäher am Vorderteil gemäß Grundanleitung nähen (siehe Seite 126).

[4] Das Vorderteil r-a-r auf das Rückenteil legen und die Seitennähte schließen.

[5] Den Beleg Vorderteil und den Beleg Rückenteil r-a-r legen und die Seitennähte schließen.

[6] Die verstellbaren Träger gemäß Grundanleitung am Top in der NZG festnähen (siehe Seite 135).

[7] Den Beleg r-a-r an die Oberkante des Tops stecken, sodass die Träger dazwischenliegen und nach unten zeigen, und rundherum zusammensteppen. Die NZG vorsichtig einkürzen, an der Ausschnittspitze vorsichtig bis 1 mm zur Naht einschneiden. Den Beleg nach innen umklappen und die Oberkante gut bügeln.

[8] Nun wahlweise den Ausschnitt rundherum knappkantig von rechts auf dem Top absteppen, um den Beleg zu fixieren. Bei sehr feinen Stoffen wie Satin oder Seide alternativ nur den Beleg an der NZG feststeppen. Dazu Beleg und Top nochmals auseinanderziehen und die NZG in den Beleg bügeln. Auf der NZG die NZG und den Beleg zusammensteppen, dabei den Bereich des Trägeransatzes am Vorderteil aussparen.

[9] Damit der Beleg beim Tragen nicht nach oben rutschen kann, ihn an der Unterkante mit einigen Stichen an der NZG der Seitennaht fixieren.

[10] Beide Rockteile r-a-r legen und die Seitennähte schließen.

[11] Den Rock an das Top nähen. Dazu das Top auf links wenden und so über den Rock ziehen, dass die Unterkante des Tops und die Oberkante des Rocks r-a-r aufeinanderliegen. Rundherum zusammensteppen. Die NZG nach oben in das Top bügeln und rundherum knappkantig von rechts absteppen.

[12] Den Rock gemäß Grundanleitung säumen (siehe Seite 125).

[13] Optional können für einen figurnahen Sitz Taillenabnäher am Rückenteil genäht werden.

SCHWIERIGKEITSGRAD 2
GRÖSSE 34–50
FERTIGMASSTABELLE
Seite 90
SCHNITTMUSTERBOGEN
1A, orange, Modell 3

Das schmal geschnittene Sommerkleid ist einfach zu nähen und ein perfektes Basic für heiße Sommertage.

Verstellbare Träger sind praktisch und ermöglichen verschiedene Einstellungen.

360° Fashion

Online gibt es die 360°-Ansicht dieses Modells mit Zoomfunktion. So kannst du dir die Passform und die Details rundherum anschauen.

Hier geht es zur 360°-Ansicht:
www.frech.de/8145db90

Wenn du magst, kannst du die Träger auch etwas verbreitern. Dann blitzen BH-Träger weniger vor.

Wenn du gerne figurbetonte Kleider trägst, kannst du am Rückenteil Taillenabnäher anbringen.

Simones Modell in Größe 42 aus einem leichten Leinenstoff mit Elasthan-Anteil ist das perfekte Outfit für heiße Tage. Ihre einzige Änderung: Sie hat die Träger nicht zum Verstellen genäht.

Pfützenhüpfer123

Helene Schneider

Helenes Stoff ist ein Mitbringsel aus dem letzten Thailandurlaub. Statt der vorgesehenen Träger hat sie ein Samtband angenäht, das im Nacken gebunden wird. Am liebsten kombiniert sie das Kleid ganz lässig mit Turnschuhen oder Sandalen. Helene hat Größe 34 genäht.

DESIGNBEISPIELE MEINES GENIALEN PROBENÄHTEAMS

lariundfari

Das Baumwoll-Viskose-Gemisch mit einem auffälligen Pfauenprint eignet sich perfekt für diesen Schnitt. Imme hat das Trägerkleid in Größe 40 genäht und die Träger um 5 cm verlängert. Goldene Sandalen dazu - fertig ist ein traumhaftes Outfit für den Hochsommer.

MIAS Abenteuerland

Nicole hat für das Trägerkleid ihr Lieblingsmuster Rot mit weißen Pünktchen verwendet. Aus fließender Viskose ist ein Wohlfühlteil in Größe 50 für den Hochsommer entstanden. Mit passenden Leggings und roten Accessoires fühlt sich Nicole in ihrem Kleid sehr wohl.

Romantisches Blusenkleid

MÄDCHENHAFT UND VERSPIELT

WAS DU FÜR DEIN PROJEKT BRAUCHST

Stoff 1: Viskose in Schwarz mit Vogelmuster, siehe Fertigmaßtabelle | Vlieseline H 180 für die Belege, 40 cm | Farblich passendes Nähgarn | Satinband in Schwarz, 0,5 cm breit, 15 cm lang | 5-6 Knöpfe in Schwarz, ø 1 cm

NAHTZUGABEN

Alle Schnittteile mit 1 cm NZG zuschneiden. Am Saum 2 cm Saumzugabe hinzugeben.

Der Gürtelstreifen wird ohne zusätzliche NZG zugeschnitten.

ZUSCHNITT

STOFF 1

2x Schnittteil Vorderteil gegengleich (Schnittkante für Kleid)

1x Schnittteil Rückenteil im Bruch (Schnittkante für Kleid)

2x Schnittteil Rock im Bruch

2x Schnittteil Ärmel gegengleich (Schnittkante kurzer Ärmel)

2x Schnittteil Beleg Vorderteil gegengleich (Schnittkante für Kleid)

1x Schnittteil Beleg Rückenteil im Bruch

1x Gürtelstreifen, 12 cm x 140 cm

VLIESELINE

2x Schnittteil Beleg Vorderteil gegengleich (Schnittkante für Kleid)

1x Schnittteil Beleg Rückenteil im Bruch

ANLEITUNG

[1] Die Brustabnäher an den Vorderteilen gemäß Grundanleitung nähen (siehe Seite 126). Die rückwärtigen Taillenabnäher sind optional und werden gegebenenfalls zum Schluss genäht. Die Position aus dem Schnittmuster sollte jedoch bereits übertragen werden.

[2] Beide Vorderteile r-a-r auf das Rückenteil legen und die Schulternähte schließen.

[3] Die unversäuberten Belege mit Vlieseline verstärken und zunächst nur an der Schulternaht versäubern. Beide Belege Vorderteil r-a-r auf den Beleg Rückenteil legen und die Schulternähte schließen. Die Außenkante der Belege rundherum versäubern, auseinanderklappen und bügeln.

[4] Den Beleg r-a-r am Halsausschnitt und an der vorderen Kleidöffnung feststecken. Den Beleg feststeppen. Die NZG einkürzen und an den Ecken vorsichtig bis 1 mm zur Naht einschneiden. Den Beleg nach innen wenden und rundherum gut bügeln. Die vordere Kleidöffnung sowie entlang des Halsausschnittes knappkantig absteppen.

[5] Die Ärmel gemäß Grundanleitung einnähen (siehe Seite 131).

[6] Das Satinband mittig teilen, sodass 2 ca. 7,5 cm lange Streifen entstehen. Die Schlaufenposition befindet sich exakt oberhalb der Teilungsnaht von Oberteil und Rock. Die Satinbänder mit ihren Enden in der NZG der Oberteilseiten fixieren, sodass sie nicht verrutschen können. Dabei zeigen die Enden zur Seite, die Schlaufe liegt auf dem Kleid.

[7] Das Vorder- und Rückenteil sowie die Ärmel sauber r-a-r legen und jeweils einen Ärmel und die Seitennaht in einem Zug schließen.

[8] Vor dem Annähen des Rockteils die Knöpfe anbringen: Im rechten Vorderteil des Kleides (Draufsicht) in gleichmäßigem Abstand je nach Wunsch 5 bis 6 Knopflöcher entlang der im Schnittmuster eingezeichneten Knopfleistenlinie einarbeiten und die Knöpfe passend auf der anderen Seite annähen. Wichtig ist, die exakte Position der Knopfleiste zu beachten, da das Oberteil sonst zu weit oder zu eng werden könnte.

[9] Vorder- und Rückseite des Rocks r-a-r legen und die Seiten schließen.

[10] Den Rock mit der Oberkante r-a-r an der Unterkante des Oberteils stecken und rundherum zusammensteppen. Die NZG nach unten in den Rock bügeln, noch nicht absteppen.

[11] Den Gürtel längs mittig r-a-r legen und die kurzen Seiten sowie die lange Seite zusammensteppen. Dabei jedoch an der langen Seite eine Wendeöffnung von ca. 10 cm lassen. Den Gürtel wenden, gut bügeln und nach Wunsch rundherum absteppen oder die Wendeöffnung von Hand schließen.

SCHWIERIGKEITSGRAD 2
GRÖSSE 34–50
FERTIGMASSTABELLE
Seite 91
SCHNITTMUSTERBOGEN
2A+2B, rot, Modell 6

[12] Es empfiehlt sich, das Kleid nun einmal anzuprobieren, da die optionalen Taillenabnäher am Rücken und an der Vorderseite bisher noch nicht genäht sind.

[13] Wenn das Kleid etwas taillierter sitzen soll, können nun die rückwärtigen und vorderen Taillenabnäher gemäß Grundanleitung genäht werden (siehe Seite 126). Da die Abnäher über die Teilungsnaht herüberlaufen, ist es wichtig, die NZG sauber nach unten in den Rock zu bügeln, bevor die Abnäher genäht werden.

[14] Die NZG entlang der Teilungsnaht knappkantig absteppen.

[15] Das Kleid an Ärmeln und Saum gemäß Grundanleitung säumen (siehe Seite 125).

MEINE TIPPS

Das Kleid kann ebenfalls mit Kragen und den langen Ärmeln mit Schleifenbündchen der Bluse von Seite 28 genäht werden. Dafür den Zuschnitt und die Nähanleitung der Bluse beachten.

Die Knopfleiste vorne ist gar nicht so schwer zu arbeiten und gibt dem Kleid das gewisse Etwas. Wer keine Knopflöcher nähen mag, kann auch Druckknöpfe anbringen.

Liebevolle Details wie eine Knopfleiste und die romantische Schleife machen das Kleid zu einem Lieblingsstück.

Online gibt es die 360°-Ansicht dieses Modells mit Zoomfunktion. So kannst du dir die Passform und die Details rundherum anschauen.

360° Fashion

Hier geht es zur 360°-Ansicht:
www.frech.de/8145db100

Damit das Kleid schön fällt, solltest du einen Stoff mit fließendem Fall wählen. Leichte Baumwolle oder auch Viskose eignen sich hervorragend und schaffen eine schöne Silhouette.

Der Bindegürtel bringt das Kleid in Form.

Andrea hat das Kleid aus etwas festerer Viskose in Größe 42 genäht. Sie hat den Kragen der Bluse von Seite 28 an ihr Kleid gesetzt. Das auffällige Muster in Schwarz/ Orange passt perfekt zum Schnitt. Sehr gerne kombiniert Andrea dazu eine auffällige Kette und betont ihre Taille mit einem schmalen Ledergürtel. Mit Pumps getragen das perfekte Outfit für den Job!

Miss Elbneedle

Hinta Palinta

Ninas Kleid aus Popeline mit einem plakativen Muster lässt sich sehr vielseitig kombinieren. Es eignet sich für den Alltag, zum Ausgehen, fürs Büro… Mit Stiefeln und Cardigan ist es in der kühlen Jahreszeit ideal, mit Pumps und einem leichten Mantel ist Nina in der Übergangszeit gut angezogen, mit Sandalen ist das Kleid perfekt für den Sommer. Nina hat Größe 42 genäht.

DESIGNBEISPIELE MEINES GENIALEN PROBENÄHTEAMS

lariundfari

fraulula

Imme hat sich für einen hellblauen, leichten Denim mit Blumenmuster entschieden. Mit einem weißen Bindegürtel betont sie ihre Taille. Der Kragen der Bluse von Seite 28 passt perfekt zum Kleid. Imme hat ihr Kleid in Größe 42 genäht.

Claudia hat sich für einen leichten Baumwollstoff mit etwas Stand im Jeanslook mit Batikdesign und kleinen Spitzenblüten entschieden. Das Oberteil hat sie in Größe 42 genäht und den Rock auf ihre Maße verbreitert.

Luftiges Sommerkleid

MIT SCHWINGENDEM ROCK

WAS DU FÜR DEIN PROJEKT BRAUCHST

Stoff 1: Chambray in Blau mit Blätterprint, siehe Fertigmaßtabelle | Vlieseline H 180 für die Belege, 60 cm | Farblich passendes Nähgarn | Reißverschluss in Blau, 40 cm lang

NAHTZUGABEN

Alle Schnittteile mit 1 cm NZG zuschneiden. Am Saum 2 cm Saumzugabe hinzugeben.

ZUSCHNITT

STOFF 1

1x Schnittteil Vorderteil im Bruch

1x Schnittteil Rückenteil im Bruch

2x Schnittteil Vorderrock/Hinterrock im Bruch

1x Schnittteil Beleg Vorderteil im Bruch

1x Schnittteil Beleg Rückenteil im Bruch

2x Schnittteil Armlochbeleg Vorderteil gegengleich

2x Schnittteil Armlochbeleg Rückenteil gegengleich

VLIESELINE

1x Schnittteil Beleg Vorderteil im Bruch

1x Schnittteil Beleg Rückenteil im Bruch

2x Schnittteil Armlochbeleg Vorderteil gegengleich

2x Schnittteil Armlochbeleg Rückenteil gegengleich

ANLEITUNG

[1] Die Abnäher am Vorderteil aufgrund ihrer gewölbten Form ausschneiden, hier trotzdem NZG hinzugeben. Anschließend die Abnäher am Vorder- und Rückenteil gemäß Grundanleitung nähen (siehe Seite 126). Die Abnäher auf der linken Stoffseite zur Mitte hin bügeln.

[2] Ein Rockteil mit der Oberkante r-a-r an die Unterkante der Vorderseite stecken und feststeppen. Die Rückseite auf die gleiche Weise nähen. Die NZG nach unten in den Rock bügeln.

[3] Das Vorderteil r-a-r auf das Rückenteil legen und die Schulternähte schließen.

[4] Das Vorderteil erneut r-a-r auf das Rückenteil legen und die Seitennähte schließen. Dabei auf einer Seite im Bereich des Reißverschlusses mit der längst möglichen Stichlänge nähen oder die Naht von Hand heften.

[5] Den Reißverschluss gemäß Grundanleitung einnähen (siehe Seite 134).

[6] Die (Halsausschnitt-)Belege mit Vlieseline verstärken und zunächst nur an der Schulternaht versäubern. Den (Halsausschnitt-)Beleg Vorderteil r-a-r auf den Beleg Rückenteil legen und die Schulternähte nähen. Die NZG auseinanderbügeln und die Außenkante des Belegs rundherum versäubern. Die Armlochbelege mit Vlieseline verstärken und versäubern, jeweils einen Armlochbeleg Vorderteil r-a-r auf einen Armlochbeleg Rückenteil legen und die Schulter- und die Seitennaht zusammensteppen, sodass der Beleg zu einem Ring geschlossen wird. Die NZG auseinanderbügeln.

[7] Den Halsausschnitt-Beleg r-a-r auf den Halsausschnitt des Kleides legen und rundherum zusammensteppen. Die NZG einkürzen. Den Beleg wenden und den Ausschnitt gut bügeln.

[8] Die Armlochbelege r-a-r an die Armausschnitte stecken und rundherum feststeppen. Die NZG einkürzen bzw. im unteren Bereich im Abstand von 2 bis 3 cm vorsichtig bis zur Naht einschneiden, damit sich die Rundung besser legt. Beide Belege wenden und die Armausschnitte gut bügeln.

[9] Den Halsausschnitt und die Armausschnitte knappkantig absteppen. Der Halsausschnitt-Beleg kann an der Außenseite mit einigen Stichen in der NZG der Schulternähte befestigt werden, damit er nicht so leicht nach außen klappt. Auch die Armlochbelege können oben in der NZG der Schulternähte und unten in der NZG der Seitennähte mit einigen Stichen fixiert werden.

[10] Das Kleid gemäß Grundanleitung säumen (siehe Seite 125).

SCHWIERIGKEITSGRAD 3
GRÖSSE 34–50
FERTIGMASSTABELLE
Seite 91
SCHNITTMUSTERBOGEN
2A+2B, grün, Modell 7

MEINE TIPPS

Dieses Kleid kann ebenfalls mit einem spitzen Ausschnitt oder den Ärmeln des eleganten Kleides (siehe Seite 52) genäht werden.

Der ausgestellte Rock schwingt bei jeder Bewegung mit.

Das Oberteil wird durch senkrechte Abnäher auf Figur gebracht.

Online gibt es die 360°-Ansicht dieses Modells mit Zoomfunktion. So kannst du dir die Passform und die Details rundherum anschauen.

360° Fashion

Hier geht es zur 360°-Ansicht:
www.frech.de/8145db110

Durch die Taillierung sitzt das Oberteil sehr schön auf Figur.

Auch im Rückenteil sorgen Abnäher für eine gute Passform.

Dass sich auch Voile wunderbar für das Kleid eignet, zeigt die Interpretation von Simone. Es fällt sehr leicht und zart und trägt sich herrlich luftig. Die Taille betont Simone mit einem breiten Bindegürtel aus Leder. Genäht hat sie Größe 42.

Claudias Kleid aus Baumwolltwill wirkt durch die Verwendung unterschiedlicher Farben für Ober- und Rockteil fast wie ein Zweiteiler. Sie trägt es bei festlichen Anlässen, gerne auch mal mit einem schmalen Gürtel. Claudia hat das Oberteil in Größe 42 genäht und unten auf ihr Hüftmaß auslaufend angepasst.

DESIGNBEISPIELE MEINES GENIALEN PROBENÄHTEAMS

Christiane hat für ihr Kleid einen blauen Chambray mit kleinem Ankerprint ausgesucht. Als Dlickfang kombiniert sie rote Schuhe dazu. Genäht hat sie das Kleid in Größe 44.

Julia hat ihr Kleid aus einer ganz leichten Baumwolle im Schmetterlingsdesign genäht. Da der Halsausschnitt recht groß ist, hat sie auf den Reißverschluss verzichtet. Sie hat Größe 44 genäht.

Elegantes Kleid

MIT RAFFINIERTEM AUSSCHNITT

WAS DU FÜR DEIN PROJEKT BRAUCHST

Stoff 1: Chambray in Blau mit weißem Karomuster, siehe Fertigmaßtabelle | Vlieseline H 180 für die Belege, 60 cm | Farblich passendes Nähgarn | Reißverschluss in Blau, 40 cm lang

NAHTZUGABEN

Alle Schnittteile mit 1 cm NZG zuschneiden. Am Saum 2 cm Saumzugabe hinzugeben.

ZUSCHNITT

STOFF 1

1x Schnittteil Vorderteil im Bruch (Schnittkante spitzer Ausschnitt)

1x Schnittteil Rückenteil im Bruch

2x Schnittteil Vorderrock/Hinterrock im Bruch

1x Schnittteil Beleg Vorderteil spitzer Beleg im Bruch

1x Schnittteil Beleg Rückenteil im Bruch

2x Schnittteil Armlochbeleg Vorderteil gegengleich

2x Schnittteil Armlochbeleg Rückenteil gegengleich

2x Schnittteil Ärmel gegengleich

VLIESELINE

1x Schnittteil Beleg Vorderteil im Bruch

1x Schnittteil Beleg Rückenteil im Bruch

2x Schnittteil Armlochbeleg Vorderteil gegengleich

2x Schnittteil Armlochbeleg Rückenteil gegengleich

ANLEITUNG

[1] Die Abnäher am Vorderteil aufgrund ihrer gewölbten Form ausschneiden, hier trotzdem NZG hinzugeben. Anschließend die Abnäher am Vorder- und Rückenteil gemäß Grundanleitung nähen (siehe Seite 126). Die Abnäher auf der linken Stoffseite zur Mitte hin bügeln.

[2] Ein Rockteil mit der Oberkante r-a-r an die Unterkante der Vorderseite stecken und feststeppen. Die Rückseite auf die gleiche Weise nähen. Die NZG nach unten in den Rock bügeln.

[3] Das Vorderteil r-a-r auf das Rückenteil legen und die Schulternähte schließen.

[4] Das Vorderteil erneut r-a-r auf das Rückenteil legen und die Seitennähte schließen. Dabei auf einer Seite im Bereich des Reißverschlusses mit der längst möglichen Stichlänge nähen oder die Naht von Hand heften.

[5] Den Reißverschluss gemäß Grundanleitung einnähen (siehe Seite 134).

[6] Die (Halsausschnitt-)Belege mit Vlieseline verstärken und zunächst nur an der Schulternaht versäubern. Den (Halsausschnitt-)Beleg Vorderteil r-a-r auf den Beleg Rückenteil legen und die Schulternähte schließen. Die NZG auseinanderbügeln und die Außenkante des Belegs rundherum versäubern. Die Armlochbelege mit Vlieseline verstärken und versäubern, jeweils einen Armlochbeleg Vorderteil r-a-r auf einen Armlochbeleg Rückenteil legen und die Schulter- und die Seitennaht zusammensteppen, sodass der Beleg zu einem Ring geschlossen wird. Die NZG auseinanderbügeln.

[7] Den Halsausschnitt-Beleg r-a-r auf den Halsausschnitt des Kleides legen und rundherum zusammensteppen. Die NZG einkürzen. Die Ecken abschrägen bzw. bis 1 mm zur Naht einschneiden. Den Beleg wenden und den Ausschnitt gut bügeln.

[8] Die Unterkante der Ärmel gemäß Grundanleitung versäubern (siehe Seite 124) und säumen (siehe Seite 125). Je einen Ärmel am Armausschnitt r-a-r in der NZG fixieren, sodass er beim Annähen des Belegs im nächsten Schritt nicht verrutschen kann.

[9] Nun die Armlochbelege r-a-r an die Armausschnitte stecken. Die Ärmel liegen jetzt jeweils zwischen Beleg und Kleid r-a-r auf dem Kleid. Beide Belege rundherum feststeppen. Die NZG einkürzen bzw. im unteren Bereich im Abstand von 2 bis 3 cm vorsichtig bis zur Naht einschneiden, damit sich die Rundung besser legt. Die Belege wenden und die Armausschnitte gut bügeln.

[10] Den Halsausschnitt und die Armausschnitte knappkantig absteppen. Der Halsausschnitt-Beleg kann an der Außenseite mit einigen Stichen in der NZG der Schulter-

nähte befestigt werden, damit er nicht so leicht nach außen klappt. Ebenso können die Armlochbelege oben in der NZG der Schulternähte und unten in der NZG der Seitennähte mit einigen Stichen fixiert werden.

[11] Das Kleid gemäß Grundanleitung säumen (siehe Seite 125).

SCHWIERIGKEITSGRAD 3
GRÖSSE 34–50
FERTIGMASSTABELLE
Seite 91
SCHNITTMUSTERBOGEN
2A+2B, grün, Modell 7

Der raffinierte Halsausschnitt ist das besondere Highlight dieses Kleides.

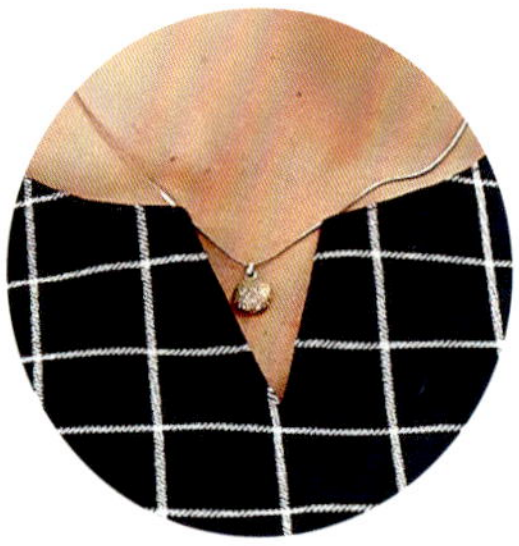

Die kleinen Flügelärmel bedecken die Schultern. So bist du mit diesem Kleid auch im Büro gut angezogen.

Online gibt es die 360°-Ansicht dieses Modells mit Zoomfunktion. So kannst du dir die Passform und die Details rundherum anschauen.

360° Fashion

Hier geht es zur 360°-Ansicht:
www.frech.de/8145db120

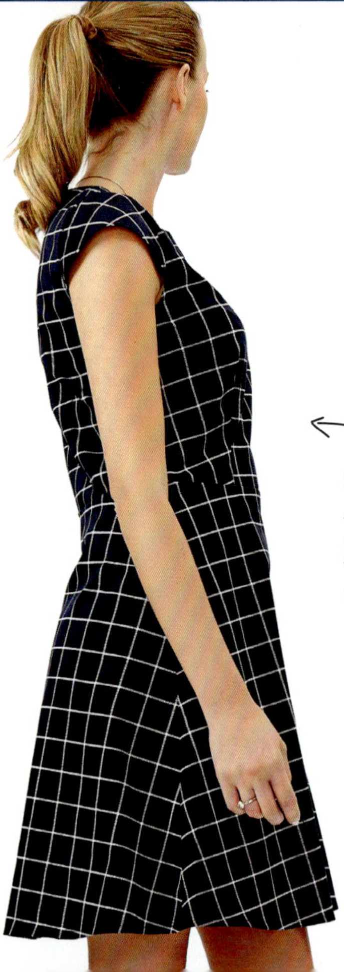

Abnäher im Vorder- und Rückenteil bringen das Oberteil auf Figur.

Der ausgestellte Rock schwingt beim Gehen luftig mit.

Nicole hat für ihre Variante eine leichte, fließende Baumwolle verwendet, die sie schon lange in ihrem Vorrat hat und die nur auf den richtigen Schnitt gewartet hat. Mit farblich abgestimmten Schuhen und Accessoires ein perfektes Outfit. Genäht hat Nicole Größe 50.

Claudia hat sich für ein recht schlichtes, kleingemustertes Design aus hauchdünner Viskose entschieden. Auf den Reißverschluss hat sie verzichtet und außerdem die Ärmel und den Rock verlängert. Das Oberteil hat sie in Größe 42 genäht und das Kleid nach unten hin auslaufen lassen.

DESIGNBEISPIELE MEINES GENIALEN PROBENÄHTEAMS

Gelb hebt die Stimmung! Ursulas Kleid aus grob strukturiertem Mischgewebe ist der perfekte Beweis. Sie hat das Kleid in Größe 38 genäht.

Helenes Kleid in Größe 34 aus einer hellen, leichten Baumwolle ist der perfekte Alltagsbegleiter. Sie trägt es mit Turnschuhen im Alltag, zum Ausgehen kombiniert sie hohe Schuhe dazu. Mit einem Cardigan dazu eignet es sich auch gut für kühlere Tage. Besonders mag Helene den Ausschnitt. Er ist ein besonderer Hingucker und dabei auch noch einfach zu nähen.

Gemütliche Relaxhose

KUSCHELIG WARM UND BEQUEM

WAS DU FÜR DEIN PROJEKT BRAUCHST

Stoff 1: Flanell in Rot kariert, siehe Fertigmaßtabelle | Aufbügelbare Vlieseline zum Verstärken der Knopflöcher, Rest | Farblich passendes Nähgarn | Gummiband, 5 cm breit, 90–120 cm lang (je nach genähter Größe) | Band zum Binden in Weiß, 2 cm breit, 120–150 cm lang (je nach genähter Größe)

NAHTZUGABEN

Alle Schnittteile mit 1 cm NZG zuschneiden.

ZUSCHNITT

STOFF 1

2x Schnittteil Vorderhose gegengleich

2x Schnittteil Hinterhose gegengleich

1x Schnittteil Bund im Bruch (im schrägen Fadenlauf)

2x Schnittteil Saum (im schrägen Fadenlauf)

Evtl. 4x Schnittteil Taschenbeutel, jeweils 2x gegengleich

HINWEIS: Bei dieser Hose wurde ein Karomuster verwendet. Um den Saum und den Bund als Kontrast diagonal kariert anzusetzen, müssen sie im schrägen Fadenlauf zugeschnitten werden. Bei unifarbenem Stoff oder wenn zwei verschiedene Stoffe verwendet werden sollen, kann auf den schrägen Fadenlauf verzichtet und beides im geraden Fadenlauf zugeschnitten werden. Es sind daher in den Schnittteilen beide Fadenläufe eingezeichnet.

ANLEITUNG

[1] Wenn die Hose seitliche Nahttaschen bekommen soll, diese zunächst gemäß Grundanleitung nähen (siehe Seite 130/131).

[2] Jeweils ein Vorder- und ein Hinterhosenteil an der äußeren Seitenkante r-a-r legen und die Seitenkanten zusammennähen. Das zweite Hosenbein genauso nähen.

[3] Beide Hosenbeine auseinanderklappen und r-a-r legen, die Seitennaht liegt nun mittig. Jeweils die vordere und die hintere Schrittnaht zusammennähen. Die Hose so auseinanderziehen, dass die Hosenbeine r-a-r übereinanderliegen, und die innere Beinnaht in einem Zug schließen (siehe Grundanleitung Hosen nähen, Seite 136/137).

[4] In Höhe der Knopflochposition den Bund auf der linken Seite mit Vlieseline verstärken und die Knopflöcher nähen.

[5] Den Taillenbund im Bruch r-a-r legen und die kurze offene Seite zum Ring zusammennähen. Auf rechts wenden und entlang der Umbruchkante l-a-l legen.

[6] Das Gummiband ebenfalls zum Kreis schließen, es sollte ein bisschen kürzer sein als der Taillenbund.

[7] Das Gummiband in den Taillenbund schieben. Den Taillenbund mit der offenen Seite bündig gleichmäßig r-a-r an den Hosenbund stecken und festnähen. Durch das Gummiband wird der Bund etwas zusammengezogen, deshalb beim Nähen darauf achten, dass er trotzdem gleichmäßig an der Hose sitzt und keine Falten eingenäht werden (siehe Grundanleitung Bund mit Gummizug nähen, Seite 129).

[8] Das Band zum Binden mithilfe einer Sicherheitsnadel durch ein Knopfloch stecken und rundherum durch den Bund ziehen, bis es beim zweiten Knopfloch wieder herauskommt. Das Bindeband an den Enden verknoten.

[9] Beide Saum-Schnittteile quer mittig im Bruch r-a-r legen und die kurze offene Seite zum Ring zusammennähen. Auf rechts wenden und entlang der Umbruchkante l-a-l legen.

[10] Je einen Saum mit der offenen Seite bündig gleichmäßig r-a-r an einen Hosenbeinsaum stecken und festnähen. Darauf achten, dass die Naht exakt in Verlängerung der inneren Beinnaht sitzt.

[11] Die NZG nach unten bügeln und knappkantig auf dem Saum absteppen.

MEINE TIPPS

Statt der Knopflöcher können auch dekorative Ösen (siehe Seite 132) in den Bund eingearbeitet werden. Dann vorher einmal ausprobieren, ob die Sicherheitsnadel zum Einfädeln des Bands durch die Öse passt oder ob das Band schon vor dem Annähen des Bundes in Schritt 7 mit in den Bund eingelegt werden muss.

Mit dem Bindeband lässt sich die Weite zusätzlich regulieren.

Durch die locker fallenden Beine sitzt die Hose bequem und lässig.

Online gibt es die 360°-Ansicht dieses Modells mit Zoomfunktion. So kannst du dir die Passform und die Details rundherum anschauen.

360° Fashion

Hier geht es zur 360°-Ansicht:

www.frech.de/8145db130

Bund und Hosensäume sind im schrägen Musterlauf angesetzt.

Der breite Bund mit Gummiband trägt sich wunderbar gemütlich.

Andreas Hose aus einer leichten Baumwolle mit einem auffälligen Blumenmuster in Pink- und Rottönen ist die perfekte Freizeithose. Zusammen mit einem Shirt ist ein lässiger Look ruck-zuck gestylt. Andrea hat Größe 36 genäht.

Für ihre Hose hat Simone einen Musselin in gedeckten Farben ausgesucht. Sie trägt das Modell gerne in der Freizeit kombiniert mit einem schlichten Shirt und einer Strickjacke. Simone hat die Hose in Größe 40 genäht.

DESIGNBEISPIELE MEINES GENIALEN PROBENÄHTEAMS

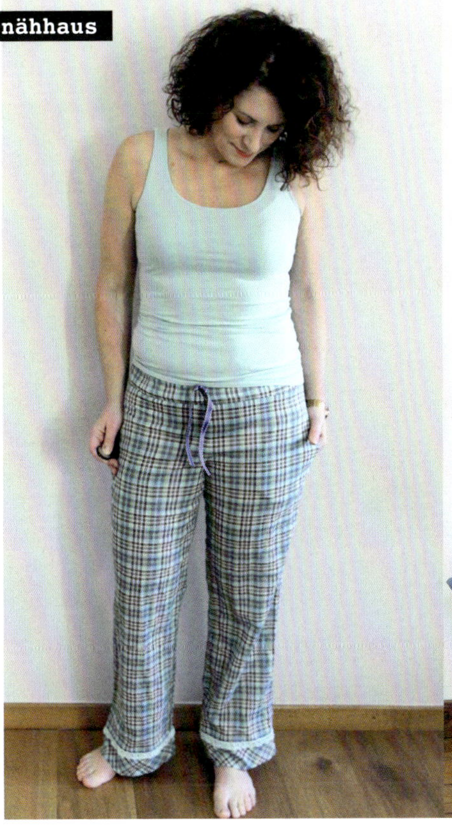

Ursulas Hose besteht aus einer ganz leichten, gecrashten Baumwolle. Da der Stoff leicht transparent ist, trägt sie sie nur zu Hause. Auf die Beinabschlüsse hat sie Spitzenband genäht. Ursula hat die Hose in Größe 40 genäht.

Verena hat sich aus einer leichten Baumwolle eine gemütliche Pyjamahose in Größe 36 genäht. Die Hose eignet sich auch für einen gemütlichen Nachmittag zuhause auf dem Sofa oder, aus dem entsprechenden Material, auch für den Sport.

Lässige Shorts

IDEAL FÜR DEN HOCHSOMMER

WAS DU FÜR DEIN PROJEKT BRAUCHST

Stoff 1: Köper in Dunkelblau, siehe Fertigmaßtabelle | Aufbügelbare Vlieseline zum Verstärken der Knopflöcher und des Riegels, Rest | Farblich passendes Nähgarn | Gummiband, 5 cm breit, 90–120 cm lang (je nach genähter Größe) | Band zum Binden in Hellblau, 2 cm breit, 120–150 cm lang (je nach genähter Größe) | 2 Knöpfe in Hellblau, ø 2 cm

NAHTZUGABEN

Alle Schnittteile mit 1 cm NZG zuschneiden. Am Beinsaum 2 cm Saumzugabe hinzugeben.

ZUSCHNITT

STOFF 1

2x Schnittteil Vorderhose gegengleich (Schnittkante kurze Hose)

2x Schnittteil Hinterhose gegengleich (Schnittkante kurze Hose)

1x Schnittteil Bund im Bruch (im geraden Fadenlauf)

4x Schnittteil Riegel

Evtl. 4x Schnittteil Taschenbeutel, jeweils 2x gegengleich

ANLEITUNG

[1] Wenn die Hose seitliche Nahttaschen bekommen soll, diese zunächst gemäß Grundanleitung nähen (siehe Seite 130/131).

[2] Jeweils ein Vorder- und ein Hinterhosenteil an der äußeren Seitenkante r-a-r legen und die Seitenkanten zusammennähen. Das zweite Hosenbein genauso nähen.

[3] Beide Hosenbeine auseinanderklappen und r-a-r legen, die Seitennaht liegt nun mittig. Jeweils die vordere und die hintere Schrittnaht zusammennähen. Die Hose so auseinanderziehen, dass die Hosenbeine r-a-r übereinanderliegen, und die innere Beinnaht in einem Zug schließen (siehe Grundanleitung Hosen nähen, Seite 136/137).

[4] In Höhe der Knopflochposition den Bund auf der linken Seite mit Vlieseline verstärken und die Knopflöcher nähen.

[5] Den Taillenbund im Bruch r-a-r legen und die kurze offene Seite zum Ring zusammennähen. Auf rechts wenden und entlang der Umbruchkante l-a-l legen.

[6] Das Gummiband ebenfalls zum Kreis schließen, es sollte ein bisschen kürzer sein als der Taillenbund. Das Gummiband in den Taillenbund schieben. Den Taillenbund mit der offenen Seite bündig gleichmäßig r-a-r an den Hosenbund stecken und festnähen. Durch das Gummiband wird der Bund etwas zusammengezogen, deshalb beim Nähen darauf achten, dass er trotzdem gleichmäßig an der Hose sitzt und keine Falten eingenäht werden (siehe Grundanleitung Bund mit Gummizug nähen, Seite 129).

[7] Das Band zum Binden mithilfe einer Sicherheitsnadel durch ein Knopfloch stecken und rundherum durch den Bund ziehen, bis es beim zweiten Knopfloch wieder herauskommt. Das Bindeband an den Enden verknoten.

[8] Die Riegel mit Vlieseline verstärken. Jeweils 2 Riegel r-a-r legen und die langen Seiten sowie die Spitze zusammensteppen. Die kurze gerade Seite bleibt offen. Die NZG einkürzen, an der Spitze vorsichtig abschrägen und den Riegel wenden. Gut bügeln und rundherum knappkantig absteppen. Gemäß Markierung im Schnittmuster ein Knopfloch in den Riegel arbeiten.

[9] Je die obere offene Seite der Riegel nach innen einschlagen und bügeln. Gemäß der Markierung „Riegelposition" je einen Riegel über die Seitennaht auf der Innenseite der Hose gleichmäßig feststeppen. Auf der Außenseite der Hose an der gesteppten Naht jeweils einen Knopf annähen.

[10] Die Hose gemäß Grundanleitung einfach säumen (siehe Seite 125). Sie kann nun zweimal umgeschlagen werden und mithilfe des Riegels und des Knopfes festge-

knöpft werden. Wer diese Länge dauerhaft tragen möchte, fixiert den Umschlag zusätzlich auf der Innenbeinnaht mit einigen Stichen.

MEINE TIPPS

Statt der Knopflöcher können auch dekorative Ösen (siehe Seite 132) in den Bund eingearbeitet werden. Dann vorher einmal ausprobieren, ob die Sicherheitsnadel zum Einfädeln des Bands durch die Öse passt oder ob das Band schon vor dem Annähen des Bundes in Schritt 7 mit in den Bund gelegt werden muss.

SCHWIERIGKEITSGRAD 2
GRÖSSE 34–50
FERTIGMASSTABELLE
Seite 92
SCHNITTMUSTERBOGEN
1A+1B, hellgrün, Modell 8

Die Shorts mit einem bequemen Gummibund hast du schnell genäht.

Mit der eingezogenen Kordel kannst du die Weite noch zusätzlich regulieren.

360° Fashion

Online gibt es die 360°-Ansicht dieses Modells mit Zoomfunktion. So kannst du dir die Passform und die Details rundherum anschauen.

Hier geht es zur 360°-Ansicht:
www.frech.de/8145db140

Seitliche Eingrifftaschen sind gemütlich und praktisch. Wenn es besonders schnell gehen soll, kannst du sie auch weglassen.

Die umgeschlagenen Beinsäume werden seitlich mit kleinen geknöpften Laschen fixiert.

Imme liebt ihre Shorts aus Popeline in Beige mit blauen Kreisen. In Kombination mit einem Trägertop ist sie mit der kurzen Hose an heißen Sommertagen wunderbar luftig gekleidet. Imme hat ihre Shorts in Größe 42 genäht.

Ihre braune Shorts aus Baumwollköper kombiniert Elisabeth gerne zu einem luftigen, blauen Shirt. Perfekt für einen Stadtbummel, einen Fahrradausflug, einen Strandspaziergang… Elisabeth hat Größe 38 genäht.

DESIGNBEISPIELE MEINES GENIALEN PROBENÄHTEAMS

Christianes Shorts aus festem, nicht elastischem Denim sind perfekt für den Hochsommer. Sie hat auf die Kordel verzichtet, so wirkt die Hose gleich eleganter und weniger sportlich. Christiane hat Größe 38 genäht.

Verena hat für ihre Shorts einen leichten, etwas elastischen Denim verwendet. So sitzt sie besonders bequem und lässig. Statt Knöpfen hat Verena Ösen an den Riegeln angebracht. Genäht hat Verena Größe 34.

SCHWIERIGKEITSGRAD 1
GRÖSSE 34–50
FERTIGMASSTABELLE
Seite 92
SCHNITTMUSTERBOGEN
2B, lila, Modell 9

Schwingender Rock

MIT TASCHEN

WAS DU FÜR DEIN PROJEKT BRAUCHST

Stoff 1: Viskose in Schwarz-Weiß mit Ethnomuster, siehe Fertigmaßtabelle | Farblich passendes Nähgarn | Gummiband, 5 cm breit, 75–100 cm lang (je nach genähter Größe)

NAHTZUGABEN

Alle Schnittteile mit 1 cm NZG zuschneiden. Am Saum 2 cm Saumzugabe hinzugeben.

ZUSCHNITT

STOFF 1

2x Schnittteil Rock im Bruch

1x Schnittteil Bund im Bruch

ANLEITUNG

[1] Die beiden Rockteile r-a-r legen und die Seiten inklusive der angeschnittenen Taschen gemäß Grundanleitungen nähen (siehe Seite 130/131).

[2] Den Bund r-a-r in den Bruch legen und die kurze Seite zusammensteppen, sodass ein Ring entsteht. Den Bund längs entlang der Umbruchkante l-a-l legen und gut bügeln.

[3] Die Länge des Gummibandes probehalber an sich selbst abmessen, da Gummibänder unterschiedlich stark dehnbar sind und eventuell mehr oder weniger Dehnung benötigen. Damit lässt sich auch die Tragehöhe variieren, je nachdem ob der Rock eher auf der Hüfte oder in der Taille sitzen soll.

[4] Das Gummiband nun ebenfalls zum Kreis zusammennähen und in den Bund schieben. Das Gummiband sollte ein bisschen kürzer als der Bund sein, damit dieser zusammengezogen wird.

[5] Den Bund mit der offenen Unterkante r-a-r an die Oberkante des Rocks stecken, dabei das Gummi gleichmäßig dehnen. Den Bund rundherum feststeppen, dabei darauf achten, das Gummi nicht mit festzusteppen. Anschließend den Bund nach oben klappen, die NZG nach unten in den Rock legen und bügeln (siehe Grundanleitungen Bund mit Gummizug nähen, Seite 129).

[6] Den Saum versäubern, auf links legen und bügeln. Von rechts rundherum absteppen.

MEINE TIPPS

Der Rock lässt sich problemlos verlängern oder kürzen. Aus fließenden Stoffen wie Viskose oder Satin genäht, sieht er sehr edel aus. Aus festeren Stoffen wie Jeans oder Köper wirkt er eher sportlich.
Auf die seitlichen Taschen kann verzichtet werden, dazu einfach den Rock an den Seiten gerade zuschneiden und nähen.

Wenn dir ein fließender Fall wichtig ist, verwendest du für diesen Rock am besten Viskose.

Seitliche Eingrifftaschen sind bequem und praktisch.

Online gibt es die 360°-Ansicht dieses Modells mit Zoomfunktion. So kannst du dir die Passform und die Details rundherum anschauen.

360° Fashion

Hier geht es zur 360°-Ansicht: www.frech.de/8145db150

Du hast die Wahl, ob du den Rock lieber auf der Taille oder der Hüfte tragen möchtest.

Der Bund mit Gummibund ist einfach und schnell genäht.

Julia hat für ihren Rock in Größe 44 eine leichte Baumwolle mit dezenten Linien und einem Blumenrapport verwendet. Aufgrund des Stoffdesigns musste sie den Rock in vier Teilen zuschneiden und nicht im Bruch. Außerdem hat sie ihn um 4 cm verlängert. Julia trägt ihren Rock mit Shirt und Jeansjacke oder schick mit Bluse und Blazer.

Kitz und Kautz

Mones Atelier

Simone hat sich für eine weich fallende Viskose im Punktedesign entschieden. Kombiniert mit einer eleganten Chiffonbluse und schwarzen Stiefeln wirkt der Rock hier sehr elegant und schick. Simone hat den Rock in Größe 40 genäht.

DESIGNBEISPIELE MEINES GENIALEN PROBENÄHTEAMS

Kathis Nähwelt

annamiarl

Kathi liebt ihren neuen Sommerrock in Blau-Weiß gestreift. Sie hat für ihn eine eher feste Baumwolle verwendet. Den neuen Allrounder in ihrem Kleiderschrank kann sie vielseitig kombinieren und ist mit ihm im Sommer immer gut angezogen. Kathi hat Größe 40 genäht.

Annas Rock aus rot-weiß gestreifter Baumwollwebware ist ein echtes Kombitalent. Er lässt sich zu vielen Unifarben kombinieren, auch ungewöhnlich zu Gelb. Aber auch ein Shirt mit Blumenmuster wäre denkbar. Anna hat Größe 36 genäht.

SCHWIERIGKEITSGRAD 1
GRÖSSE 34–50
FERTIGMASSTABELLE
Seite 93

Angesagter Plisseerock

SCHNELL GEMACHT UND SEHR EFFEKTVOLL

WAS DU FÜR DEIN PROJEKT BRAUCHST

Stoff 1: Feinplissee in Rosa, siehe Fertigmaßtabelle | Farblich passendes Nähgarn | Gummiband in Taupe mit Glitzer, 5 cm breit, 75–100 cm lang

NAHTZUGABEN

Die NZG ist bereits in den Fertigmaßen enthalten.

ZUSCHNITT

STOFF 1

Länge 85 cm; Breite je nach Größe entsprechend den Maßen in der Tabelle.

HINWEIS: Der Rock wird ganz einfach aus einem Rechteck genäht. Die Maße in der Tabelle sind Ca.-Maße, da jeder Plissee ein wenig unterschiedlich fällt. Bei Feinplissees ziehen sich die Falten leicht auseinander, sodass ein ganz exakter Zuschnitt ohnehin schwierig ist. Der Stoff sollte zur Sicherheit vorher einmal angehalten werden, um zu sehen, wie er an einem selber fällt, und eventuell in Länge und Breite korrigiert werden. Es empfiehlt sich, den Stoff glatt auf den Boden zu legen und dann zuzuschneiden. Dabei darauf achten, wie breit der Stoff liegt: Wenn die Stoffbreite nur 140 cm beträgt, müssen in größeren Größen 2 Rockteile zugeschnitten werden (siehe Maßangaben in Klammern in der Tabelle).

ANLEITUNG

[1] Das Rockteil längs r-a-r im Bruch legen und die Seitennaht schließen (bei 2 Stoffteilen beide Seitennähte schließen). Die Unterkante des Rocks muss nicht versäubert werden, da Plissee nicht ausfranst und bei Plissees ein perfekt genähter Saum sehr schwierig ist.

[2] Das Gummiband mittig r-a-r legen und zum Ring schließen.

[3] Das Gummiband mit der Innenseite an die Außenseite des Rocks l-a-l rundherum gedehnt feststecken. Den Rock an der Unterkante des Gummibands mit einem kleinen Zickzackstich rundherum feststeppen.

MEIN TIPP

Der Rock lässt sich problemlos verlängern oder kürzen.

Das Trendmaterial Plissee ist erstaunlich leicht zu verarbeiten.

Du kannst dir aus einem Rechteck ganz einfach einen angesagten Rock nähen.

360° Fashion

Online gibt es die 360°-Ansicht dieses Modells mit Zoomfunktion. So kannst du dir die Passform und die Details rundherum anschauen.

Hier geht es zur 360°-Ansicht:
www.frech.de/8145db160

Mit einem breiten, glitzernden Gummiband wirkt der Rock besonders festlich.

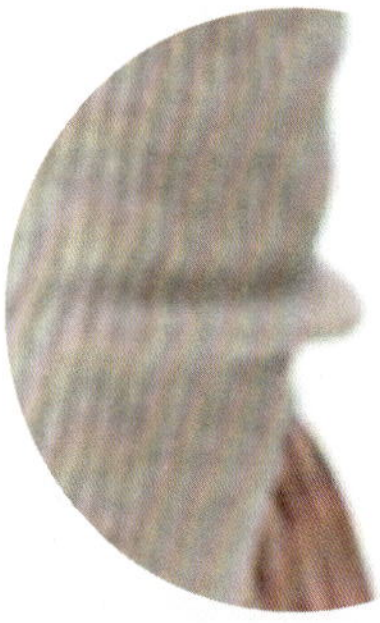

Es reicht, wenn du den Saum schön gerade zuschneidest. Du musst ihn nicht versäubern.

Das in Grau und Silber schillernde Material macht Annas Plisseerock in Größe 36 zu einem ganz besonderen Hingucker. Sie hat ihn für sich etwas kürzer genäht. Anna kombiniert ihren Rock wie hier gerne im Stilbruch mit Stiefeletten und einem Ringelshirt, optional mit einer Lederjacke, oder schick mit einem Blazer.

annamiarl

mini-wölkchen

Nicoles Rock aus gecrashtem Plissee ist schon jetzt eines ihrer Lieblingsteile. Sie mag die gerade sehr aktuelle Länge und stylt ihren Rock hier mit Ringelshirt. Genauso gut passt der Rock auch zu einem Top mit Spagettiträgern, zum Beispiel für eine hochsommerliche Party. Nicole hat Größe 40 genäht.

DESIGNBEISPIELE MEINES GENIALEN PROBENÄHTEAMS

krötenkrempel

Christiane hat sich für einen schwarzen Plissee entschieden und ein silberfarbenes Glitzerbündchen verwendet. So lässt sich der Rock extrem vielseitig kombinieren, wie hier gezeigt mit Pumps, Top und Strickjacke. Christiane hat Größe 46 genäht.

Kathis Nähwelt

Der angesagte und superschnell genähte Plisseerock bereichert nun Kathis Kleiderschrank. Der Grauton passt zu vielen Outfits und sieht mit hohen Schuhen und Bluse ebenso gut aus wie mit Zehentrennern und einem schlichten Shirt. Sie hat sich den Rock in Größe 40 in einer knieumspielenden Länge genäht und den Saum einfach nur mit einem Rollsaum der Overlockmaschine genäht.

Jacke im Blazerstil

LÄSSIG UND SCHICK

WAS DU FÜR DEIN PROJEKT BRAUCHST

Stoff 1: Tweed in Schwarz-Weiß mit Pepita-Muster, siehe Fertigmaßtabelle | Farblich passendes Nähgarn | Paspel in Silber, 2 m | Knopf in Schwarz, ø 3 cm

NAHTZUGABEN

Alle Schnittteile mit 1 cm NZG zuschneiden. Am Saum 3 cm Saumzugabe hinzugeben.

ZUSCHNITT

STOFF 1

2x Schnittteil Vorderteil gegengleich

1x Schnittteil Rückenteil im Bruch (Markierung für optionale Taillenabnäher übernehmen)

2x Schnittteil Ärmel gegengleich

2x Schnittteil Blende im Bruch

HINWEIS: Die Blende kann wahlweise im Bruch (1x) oder gegengleich (2x) zugeschnitten werden. Beim gegengleichen Zuschnitt ist der Stoffverbrauch geringer, dafür ist im Nacken dann eine Naht notwendig, mit der die beiden Seiten der Blende zusammengenäht werden. Bitte je nach gewähltem Zuschnitt den Fadenlauf beachten.

ANLEITUNG

[1] Die Blenden zunächst nicht versäubern. Beide Blenden-Schnittteile r-a-r aufeinanderlegen und die Außenkante zusammensteppen. Die NZG zurückschneiden. Die Blende auf rechts wenden, gut bügeln und anschließend knappkantig von rechts absteppen.

[2] Ab Größe 42 die Brustabnäher an den Vorderteilen gemäß Grundanleitung nähen (siehe Seite 126). Die Taillenabnäher am Rückenteil sind optional und werden noch nicht genäht.

[3] Beide Vorderteile r-a-r auf das Rückenteil legen und die Schulternähte schließen. Die NZG auseinanderbügeln.

[4] Die Paspel entlang der Jackenöffnung in der NZG feststeppen. So kann sie nicht verrutschen, wenn die Blende im nächsten Schritt angenäht wird.

[5] Die Blende r-a-r an die Jacke stecken und festnähen. Die NZG zusammen versäubern und nach außen klappen. Dann die NZG knappkantig von rechts auf der Jacke (nicht auf der Blende) entlang der Paspel absteppen.

[6] Die Ärmel gemäß Grundanleitung einnähen (siehe Seite 131).

[7] Die Jacke sowie die Ärmel sauber r-a-r legen und jeweils einen Ärmel und die Seitennaht in einem Zug schließen.

[8] Die Ärmel und die Jacke gemäß Grundanleitung säumen (siehe Seite 125).

[9] Auf der Blende ein Knopfloch arbeiten und auf der gegenüberliegenden Seite passend den Knopf festnähen. Dazu die Jacke vorher anprobieren und die optimale Position bestimmen.

[10] Die Jacke hat auf der Rückseite optionale Taillenabnäher. Wer die Jacke lieber etwas taillierter trägt und nicht ganz so leger, kann die Taillenabnäher nach dem Anprobieren gemäß Grundanleitung nähen (siehe Seite 126).

MEIN TIPP

Je nach verwendetem Stoff sollte die Blende mit einer leichten Vlieseline (z.B. H180) verstärkt werden.

SCHWIERIGKEITSGRAD 2
GRÖSSE 34–50
FERTIGMASSTABELLE
Seite 93
SCHNITTMUSTERBOGEN
2A+2B, hellblau, Modell 10

Die Jacke kann optional mit einem Knopf geschlossen werden.

Die Kragenblende hält den Nacken schön warm und kann auch heruntergeklappt werden.

Online gibt es die 360°-Ansicht dieses Modells mit Zoomfunktion. So kannst du dir die Passform und die Details rundherum anschauen.

360° Fashion

Hier geht es zur 360°-Ansicht:
www.frech.de/8145db170

Mit einer Paspel kannst du einen dezenten oder einen auffälligen Akzent setzen.

Wenn du magst, kannst du nach der Fertigstellung Taillenabnäher ins Rückenteil nähen, um eine engere Passform zu erzielen.

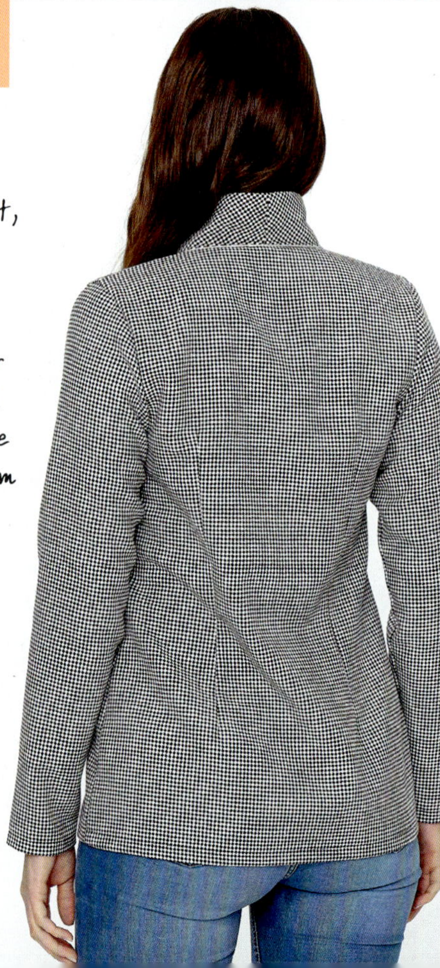

Karo hat für ihre Jacke einen Chambray, der fast wie Denim aussieht, verwendet. Hier kombiniert sie ihre Jacke lässig mit Shirt und Minirock. Genauso gerne trägt sie sie aber auch seriöser gestylt im Büro. Karo hat die Jacke in Größe 48 genäht.

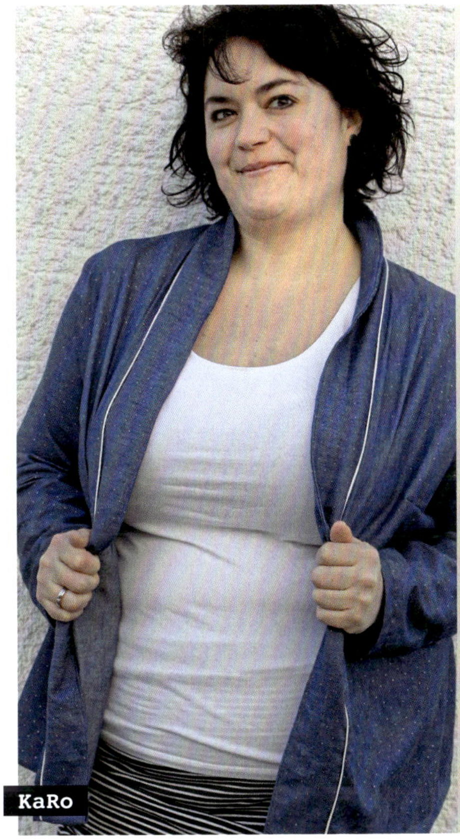

Michaela hat sich für ihr Modell Denim ausgesucht. Sie trägt die vielseitige Jacke zu Hosen, Röcken und Kleidern, da sie einfach zu allem passt und sowohl leger als auch elegant kombiniert werden kann. Michaela hat eine Größe 46 genäht und je 6 cm am Saum und an den Ärmeln zugegeben.

DESIGNBEISPIELE MEINES GENIALEN PROBENÄHTEAMS

Für ihre Jacke in Größe 34 hat Verena hell- und dunkelblauen Canvas kombiniert. Auf die Paspel hat sie verzichtet. Besonders gerne trägt Verena ihre Jacke lässig zu Jeans und Shirt.

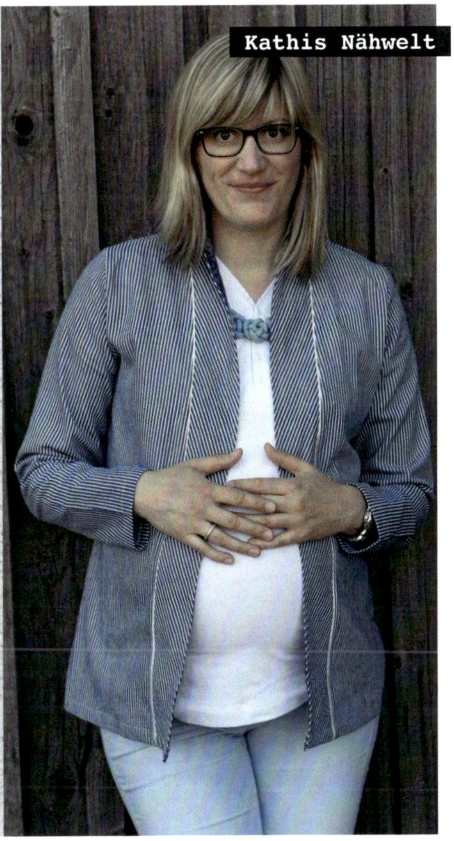

Blau ist Kathis Lieblingsfarbe. Deshalb hat sie sich für einen leichten, gestreiften Denim entschieden. Das Streifendesign erinnert an Nadelstreifen, deshalb ist die Blazerjacke auch bürotauglich. Die weiße Paspel wirkt frisch und maritim. Kathi hat Größe 40 genäht.

Lässige Oversize-Jacke

MIT ÜBERSCHNITTENEN ÄRMELN

WAS DU FÜR DEIN PROJEKT BRAUCHST

Stoff 1: gewebter Woll-Mantelstoff in Schwarz-Weiß kariert, siehe Fertigmaßtabelle | Vlieseline H 180 für die Belege, 100 cm | Farblich passendes Nähgarn | 4–6 Knöpfe in Schwarz, ø 3 cm

NAHTZUGABEN

Alle Schnittteile mit 1 cm NZG zuschneiden. Am Saum 4 cm Saumzugabe hinzugeben.

ZUSCHNITT

STOFF 1

2x Schnittteil Vorderteil gegengleich

1x Schnittteil Rückenteil im Bruch

2x Schnittteil Ärmel gegengleich

1x Schnittteil Oberkragen im Bruch

1x Schnittteil Unterkragen im Bruch

2x Schnittteil Beleg Vorderteil gegengleich

1x Schnittteil Beleg Rückenteil im Bruch

2x Schnittteil Tasche (optional)

VLIESELINE

2x Schnittteil Beleg Vorderteil gegengleich

1x Schnittteil Beleg Rückenteil im Bruch

1x Schnittteil Oberkragen im Bruch

ANLEITUNG

[1] Beide Vorderteile r-a-r auf das Rückenteil legen und die Schulternähte schließen. Die NZG auseinanderbügeln.

[2] Die Ärmel gemäß Grundanleitung einnähen (siehe Seite 131).

[3] Die Jacke sowie die Ärmel sauber r-a-r legen und jeweils einen Ärmel und die Seitennaht in einem Zug schließen. Die NZG auseinanderbügeln.

[4] Die Belege mit Vlieseline verstärken. Einen Beleg Vorderteil r-a-r auf den Beleg Rückenteil legen und die Schulternaht schließen, anschließend den zweiten Beleg Vorderteil genauso nähen. Die NZG auseinanderbügeln.

[5] Den Unterkragen r-a-r an den Halsausschnitt der Jacke stecken. Dabei die Passzeichen beachten und den Kragen von der hinteren Mitte ausgehend nach vorne gleichmäßig feststecken. Der Kragen endet nicht bündig mit dem Revers. Den Unterkragen feststeppen.

[6] Den Oberkragen mit Vlieseline verstärken und r-a-r an den Halsausschnitt des Belegs stecken, dabei wie bei Unterkragen in Schritt 5 beschrieben vorgehen. Den Oberkragen feststeppen.

[7] Den Beleg und den Oberkragen r-a-r passend auf die Jacke und den Unterkragen stecken und feststeppen. Die NZG einkürzen und die Ecken abschrägen.

[8] Die NZG von Oberkragen und Beleg Rückenteil sowie die NZG von Unterkragen und Jacken-Rückenteil aufeinanderlegen und zusammensteppen. Hier aber nur die NZG aufeinandersteppen, um beide Teile miteinander zu fixieren.

[9] Den Saum an der Unterkante der Jacke und des Belegs 4 cm nach innen umschlagen und von rechts feststeppen. Anschließend den Beleg auf die Innenseite der Jacke klappen.

[10] Die Vorderkante der Jacke entlang des Revers und der Kragenoberkante von rechts so absteppen, dass der Beleg mit festgesteppt wird.

[11] Den Beleg von Hand oder mit der Maschine mit einigen Stichen an der NZG der Schulternähte fixieren, sodass er nicht verrutschen kann. Auf die gleiche Weise die offene Außenkante des Belegs an der NZG des Saums fixieren.

[12] Abschließend die Ärmel gemäß Grundanleitung 4 cm säumen (siehe Seite 125).

[13] Optional können Taschen auf die Jacke aufgesteppt werden (siehe Grundanleitung Aufgesetzte Taschen nähen, Seite 130).

SCHWIERIGKEITSGRAD 3
GRÖSSE 34–50
FERTIGMASSTABELLE Seite 93
SCHNITTMUSTERBOGEN 2A+2B, apricot, Modell 11

Typisch für Oversize-Mode sind die überschnittenen Schultern.

Unter die weiten Ärmel passt auch noch gut ein dicker Pullover.

Online gibt es die 360°-Ansicht dieses Modells mit Zoomfunktion. So kannst du dir die Passform und die Details rundherum anschauen.

360° Fashion

Hier geht es zur 360°-Ansicht: www.frech.de/8145db180

In den großen, aufgesetzten Taschen kannst du dir wunderbar die Hände wärmen.

Wichtig: Beim Zuschnitt eines gemusterten Stoffes unbedingt auf den Musterverlauf achten!

Immes Jacke aus Wollwalk in Größe 40 ist ein perfekter Begleiter für die Übergangszeit. Der warme Braunton lässt sich zu vielen Farben kombinieren.

Der karierte Mantel aus einem gewebten Wollstoff von Simone ist so richtig schön kuschelig und gemütlich. Das Design lässt sich wunderbar kombinieren, sowohl Jeans als auch schicke Hosen passen perfekt. Simone hat den Mantel in Größe 38 genäht.

DESIGNBEISPIELE MEINES GENIALEN PROBENÄHTEAMS

Verena liebt Blautöne! Sie hat ihren Mantel aus dunkelblauem Wollwalk genäht, für den Kragen hat sie Chino in einem helleren Blauton verwendet. So kratzt nichts am Hals und der hellere Ton setzt zudem einen schönen Akzent. Die Paspeln an den Taschen greifen den Farbton nochmals auf. Verena hat Größe 34 genäht.

Nicole hat sich für ihre Jacke eine feste, recht grob gewebte, gestreifte Baumwolle ausgesucht. Sie trägt sie gerne cool und modern gestylt mit einer weißen Bluse zu used-Jeans und steckt sich dazu eine Schleifenbrosche an. Nicole hat die Jacke in Größe 40 genäht.

Tasche in Pastelltönen

IM DEKORATIVEN GEO-DESIGN

WAS DU FÜR DEIN PROJEKT BRAUCHST

Stoff 1: Canvas in Grau meliert, 70 cm x 35 cm | Stoff 2: Canvas in Rosa/Rot meliert, 60 cm x 45 cm | Stoff 3: Canvas in Altrosa meliert, 140 cm x 45 cm | Vlieseline S320, 80 cm x 45 cm | Farblich passendes Nähgarn | Aufnäher aus Kunstleder in Braun „handmade", ø 4 cm | 2 Taschengriffe aus Kunstleder in Braun, 60 cm lang | 8 Hohlnieten in Silber, ø 0,75 cm

NAHTZUGABEN

Alle Schnittteile enthalten bereits 1 cm NZG, es muss keine zusätzliche NZG hinzugegeben werden.

ZUSCHNITT

STOFF 1

2x Schnittteil Außentasche unten gegengleich

STOFF 2

2x Schnittteil Außentasche Mitte gegengleich

STOFF 3

2x Schnittteil Außentasche oben gegengleich

2x Schnittteil Innentasche

VLIESELINE

2x Schnittteil Außentasche unten gegengleich

2x Schnittteil Außentasche Mitte gegengleich

2x Schnittteil Außentasche oben gegengleich

HINWEIS: Die Schnittteile haben jeweils zwei Linien: Die äußere Linie entspricht dem Schnittteil inklusive der NZG, die innere Linie ist die Nahtlinie. Zugeschnitten werden die Schnittteile an der äußeren Linie, da hier bereits die NZG enthalten ist. Beim Zusammennähen sollte darauf geachtet werden, dass die Nahtlinien exakt übereinanderliegen und auf diesen genäht wird.

ANLEITUNG

[1] Alle Außentaschen-Schnittteile von links mit Vlieseline verstärken.

[2] Das Schnittteil Außentasche oben mit der diagonalen Kante r-a-r an die obere diagonale Kante des Schnittteils Außentasche Mitte stecken und feststeppen. Die NZG nach oben in das Schnittteil Außentasche oben bügeln und knappkantig von rechts absteppen.

[3] Das Schnittteil Außentasche unten mit der diagonalen Kante r-a-r an die untere diagonale Kante des Schnittteils Mitte stecken und feststeppen. Die NZG nach oben in das Schnittteil Außentasche Mitte bügeln und knappkantig von rechts absteppen.

[4] Die zweite Außentaschen-Seite auf die gleiche Weise nähen. Das Muster verläuft spiegelverkehrt.

[5] Auf eine Taschenseite den Aufnäher ungefähr mittig auf das Schnittteil Außentasche unten steppen.

[6] Für die Außentasche beide Taschenseiten r-a-r aufeinanderlegen und die Seiten sowie den Boden zusammennähen. Die beiden unteren ausgesparten Ecken bleiben noch offen. Nun die Tasche auseinanderziehen und die Seitennaht auf die Bodennaht legen. Dabei werden die Ecken so auseinandergezogen, dass nun 2 offene Kanten aufeinanderliegen. Diese quer zusammensteppen (siehe Grundmodelle Handtaschen nähen, Seite 137).

[7] Die Innentasche genau wie die Außentasche in Schritt 6 nähen, dabei jedoch an der Unterkante eine ca. 10 cm lange Wendeöffnung lassen.

[8] Die Außentasche wenden. Die Außen- und die Innentasche r-a-r ineinanderstecken und die Oberkante rundherum zusammensteppen. Die NZG vorsichtig einkürzen, die Ecken abschrägen und die Tasche durch die Wendeöffnung wenden. Die Oberkante gut bügeln und knappkantig absteppen. Die Wendeöffnung per Hand mit einem Matratzenstich oder der Nähmaschine schließen.

[9] Die Taschengriffe jeweils mit einem Abstand von 10 cm zur Außenkante mit 2 Hohlnieten gemäß Herstellerangaben an der Oberkante der Tasche anbringen.

SCHWIERIGKEITSGRAD 2
GRÖSSE
35 cm x 25 cm
SCHNITTMUSTERBOGEN
2A, flieder, Modell 12

Ein schickes Label macht jedes deiner Modelle zu etwas ganz besonderem.

Wichtig: Die Übergänge zwischen Vorder- und Rückseite an den Seiten solltest du so genau wie möglich arbeiten.

Online gibt es die 360°-Ansicht dieses Modells mit Zoomfunktion. So kannst du dir die Details rundherum anschauen.

360° Fashion

Hier geht es zur 360°-Ansicht:
www.frech.de/8145db190

Hohlnieten sind dekorativ und sehr robust.

Taschengriffe aus Leder fühlen sich toll an, sind langlebig und hochwertig.

Julia hat für ihren Shopper drei verschiedene feste Materialien kombiniert: Baumwolle mit Zitronendesign (Dekostoff), Baumwoll-Polyestermischung und Kunstleder. Sie liebt diesen Schnitt sehr, weil er sich wunderbar zur Resteverwertung eignet und ganz schnell genäht ist.

Kitz und Kautz

Miss Elbneedle

Andrea hat für ihre Tasche Stücke einer alten Jeans, Möbelstoff und Canvas verwendet. Schwarze Lederriemen passen perfekt und das Label ist noch ein besonderer Hingucker.

DESIGNBEISPIELE MEINES GENIALEN PROBENÄHTEAMS

nähhaus

weisnaehschen

Ursula hat für die Tasche Reste des Stoffes für ihr Kleid von Seite 55 verwendet. Dazu hat sie eine Baumwoll-Leinenmischung im japanischen Design und einen Canvas kombiniert. Die Lederriemen hat Ursula mit Schraubnieten angebracht.

Verena hat sich gleich zwei Taschen genäht. Für beide hat sie feste Baumwolle und Canvas verwendet. Verena hat die Träger bei beiden Taschen mit eingenäht und nicht nachträglich angebracht.

Praktische Umhängetasche

AUS ROBUSTEM OILSKIN

WAS DU FÜR DEIN PROJEKT BRAUCHST

Stoff 1: Dry Oilskin in Blau, 80 cm x 45 cm | Stoff 2: Canvas mit grafischem Blumenmuster, 130 cm x 45 cm | Farblich passendes Nähgarn | 2 D-Ringe mit Steg in Kupfer, Durchlass 4 cm | 2 Taschenkarabiner in Kupfer, Durchlass 4 cm | Gurtband in Blau-Weiß gestreift, 4 cm breit, 100 cm lang | Gurtbandschieber in Kupfer, Durchlass 4 cm | Druckknopf oder Taschenverschlussknopf in Kupfer, ø 20 cm

NAHTZUGABEN

Alle Schnittteile enthalten bereits 1 cm NZG, es muss keine zusätzliche NZG hinzugegeben werden.

ZUSCHNITT

STOFF 1

4x Schnittteil Außentasche Seite, jeweils 2x gegengleich

STOFF 2

2x Schnittteil Außentasche Mitte

2x Schnittteil Innentasche im Bruch

HINWEIS: Die Schnittteile haben jeweils zwei Linien: Die äußere Linie entspricht dem Schnittteil inklusive der NZG, die innere Linie ist die Nahtlinie. Zugeschnitten werden die Schnittteile an der äußeren Linie, da hier bereits die NZG enthalten ist. Beim Zusammennähen sollte darauf geachtet werden, dass die Nahtlinien exakt übereinanderliegen und auf diesen genäht wird.

ANLEITUNG

[1] Das erste Schnittteil Außentasche Seite r-a-r an ein Schnittteil Außentasche Mitte stecken und feststeppen. Die NZG zur Seite in das Schnittteil Außentasche Seite bügeln und knappkantig von rechts absteppen.

[2] Das zweite Schnittteil Außentasche Seite auf die gleiche Weise an die gegenüberliegende Seite des Schnittteils Außentasche Mitte nähen. Die erste Außentasche ist fertig genäht.

[3] Die zweite Außentasche auf die gleiche Weise nähen. Nach Wunsch ein kleines dekoratives Rechteck von 4,5 cm x 4,5 cm zuschneiden und in Höhe der Knopfposition feststeppen.

[4] Für die Außentasche beide Taschenseiten r-a-r aufeinanderlegen und die Seiten sowie den Boden zusammennähen. Die beiden unteren ausgesparten Ecken bleiben noch offen. Nun die Tasche auseinanderziehen und die Seitennaht auf die Bodennaht legen. Dabei werden die Ecken so auseinandergezogen, dass nun 2 offene Kanten aufeinanderliegen. Diese quer zusammensteppen (siehe Grundmodelle Handtaschen nähen, Seite 137).

[5] Die Innentasche auf die gleiche Weise wie die Außentasche in Schritt 4 nähen, dabei jedoch an der Unterkante eine ca. 10 cm lange Wendeöffnung lassen.

[6] Die Außentasche wenden. Die Außen- und die Innentasche r-a-r ineinanderstecken und die Oberkante mit den Seitenträgern rundherum zusammensteppen. Die NZG vorsichtig einkürzen, in die Ecken vorsichtig bis zur Naht einschneiden und die Tasche durch die Wendeöffnung wenden. Die Oberkante und die Seitenträger gut bügeln und knappkantig absteppen. Die Wendeöffnung per Hand mit einem Matratzenstich oder der Nähmaschine schließen.

[7] In die Träger einen D-Ring fädeln, den Träger 3 bis 4 cm nach außen oder innen umschlagen und feststeppen.

[8] Das Gurtband durch den Gurtbandschieber fädeln, die Enden in die Taschenkarabiner schieben, 3 bis 4 cm umschlagen und feststeppen. Die Karabiner in die D-Ringe haken.

[9] Den Druckknopf oder Taschenverschlussknopf gemäß Herstellerangaben in Höhe der Knopfposition in der Tasche anbringen.

SCHWIERIGKEITSGRAD 1

GRÖSSE
25 cm x 35 cm

SCHNITTMUSTERBOGEN
2B, türkis, Modell 13

MEINE TIPPS

Der sehr feste Oilskin ist perfekt zum Taschennähen und muss nicht mit Vlieseline verstärkt werden. Wer einen anderen Stoff verwendet, sollte die Teile der Außentasche mit Vlieseline verstärken.

Edle Accessoires in Kupfer wirken sehr hochwertig.

In die D-Ringe am Taschengurt werden die Träger mit Karabinern eingehängt.

360° Fashion

Online gibt es die 360°-Ansicht dieses Modells mit Zoomfunktion. So kannst du dir die Details rundherum anschauen.

Hier geht es zur 360°-Ansicht:
www.frech.de/8145db200

Dank verstellbarer Träger kannst du die Tasche auch quer über den Körper tragen.

Das kleine Quadrat unter dem Druckknopf dient der Stabilisierung und Dekoration.

Für ihre Tasche hat Nicole einen festen Dekostoff mit Kaktusprint und Leinen in Türkis verwendet. Das Gurtband mit einer Oberseite aus Baumwolle im Ethnolook und einer Unterseite aus Kunstleder gibt es so fertig zu kaufen.

Imme hat sich eine farbenfrohe Tasche im Mustermix genäht. Verwendet hat sie Popeline, den sie mit Schabrackeneinlage S 320 verstärkt hat. Rote Akzente setzen das Gurtband und der Druckknopf.

DESIGNBEISPIELE MEINES GENIALEN PROBENÄHTEAMS

Verena hat für ihre Tasche einen speziellen Taschenstoff verwendet, der schon mit Vlies verstärkt und gesteppt ist. Sie hat sich noch eine Klappe dazu konstruiert.

Ein wunderschöner Sommerbegleiter ist Christianes Tasche. Sie hat einen Canvas mit Flamingodruck verwendet und ein Gurtband aus Kunstleder genäht. Perfekt dazu: das roségoldene Zubehör.

BLUSENSHIRT MIT V-AUSSCHNITT

Seite 8-11

FERTIGMASSTABELLE (Maße in cm)

GRÖSSE	Brust-weite	Taillen-weite	Hüft-weite	Länge hintere Mitte	Ärmel-länge	Stoffverbrauch Stoffbreite 140 cm
34	87,9	75,7	103	67	61	145
36	90,7	78,7	106	67	61	145
38	93,5	81,7	109	67	61	145
40	97,4	85,7	113	67	61	145
42	101,2	89,7	117	67	61	150
44	105,1	94,7	121,5	67	61	150
46	111	101,7	127,5	67	61	150
48	116,9	108,7	133,5	67	61	155
50	122,7	115,7	139,5	67	61	155

TUNIKA MIT FALTENSAUM

Seite 12-15

FERTIGMASSTABELLE (Maße in cm)

GRÖSSE	Brust-weite	Tail-len-weite	Hüft-weite	Länge hintere Mitte	Ärmel-länge	Stoffverbrauch Stoffbreite 140 cm
34	88,3	84	103	66,6	61	140
36	91,2	87	106	66,7	61	145
38	94	90	109	66,8	61	145
40	98	94	113	66,9	61	145
42	101,9	98	117	67	61	145
44	105,8	103	121,5	67,1	61	145
46	111,8	110	127,5	67,2	61	155
48	117,8	117	133,5	67,3	61	155
50	123,8	124	139,5	67,4	61	170

TOP MIT SPAGHETTI-TRÄGERN

Seite 16-19

FERTIGMASSTABELLE (Maße in cm)

GRÖSSE	Brust-weite	Hüft-weite	Taillen-weite mit Abnäher	Taillen-weite ohne Abnäher	Länge hintere Mitte	Träger-länge	Stoffverbrauch Stoffbreite 140 cm
34	85,1	102	83,4	86,4	36,5	35,4	70
36	87,9	105	86,4	89,4	36,2	35,8	70
38	90,7	108	89,4	92,4	35,9	36,2	70
40	94,4	112	93,4	96,4	35,5	36,7	75
42	98,2	116	97,4	100,4	35,1	37,2	75
44	102	120	101,4	104,4	34,7	37,8	75
46	107,8	125,5	107,4	110,4	34,2	38,5	75
48	113,6	131	113,4	116,4	33,7	39,2	75
50	119,4	136,5	119,4	122,4	33,2	39,9	75

TUNIKA MIT BOMMELN

Seite 20-23

FERTIGMASSTABELLE (Maße in cm)

GRÖSSE	Brust-weite	Tail-len-weite	Hüft-weite	Länge hintere Mitte	Ärmel-länge	Stoffverbrauch Stoffbreite 140 cm
34	96,1	93	106,5	75	60	160
36	99	96	109,5	75	60	160
38	102	99	112,5	75	60	200
40	105,9	103	116,5	75	60	200
42	109,8	107	120,5	76	60	200
44	113,7	111,4	125	76	60	200
46	119,7	117,8	131	77	60	200
48	125,7	124,6	137	77	60	215
50	131,6	131,4	143	78	60	215

LÄSSIGE TUNIKA

Seite 24-27

FERTIGMASSTABELLE (Maße in cm)

GRÖSSE	Brust-weite	Tail-len-weite	Hüft-weite	Länge hintere Mitte	Ärmel-länge	Stoffverbrauch Stoffbreite 140 cm
34	96,1	141,4	151,3	75	27,5	135
36	99	145,4	155,3	75	27,7	135
38	102	149,4	159,3	75	27,8	135
40	105,9	154,4	164,3	75	28	145
42	109,8	159,4	169,1	76	28,2	145
44	113,7	164,7	174,6	76	28,4	180
46	119,7	172	181,4	77	28,7	180
48	125,7	179,6	188,6	77	28,9	185
50	131,6	187,2	195,6	78	29,1	185

HINWEIS: Die Maße von Taille und Hüfte sind sehr weit, da hier die Schnittteile gekräuselt werden.

BLUSE IM HEMDBLUSENSTIL

Seite 28-31

FERTIGMASSTABELLE (Maße in cm)

GRÖSSE	Brust-weite	Taillen-weite mit Abnäher	Taillen-weite ohne Abnäher	Hüft-weite	Länge hintere Mitte	Ärmel-länge	Stoffverbrauch Stoffbreite 140 cm
34	92,2	79	87	100	65	48,4	130
36	95	82	90	103	65	48,5	130
38	97,8	85	93	106	65	48,5	130
40	101,7	89	97	110	65	48,5	155
42	105,5	93	101	114	66	48,5	155
44	109,3	98	106	118	66	48,5	155
46	115,2	105	113	123,5	67	48,5	155
48	121,1	112	120	129	67	48,5	175
50	126,9	118	126	134,5	68	48,6	175

BLUSE MIT STEHKRAGEN

Seite 32-35

FERTIGMASSTABELLE (Maße in cm)

GRÖSSE	Brust-weite	Taillen-weite	Hüft-weite	Länge hintere Mitte	Ärmel-länge	Stoffverbrauch Stoffbreite 140 cm
34	88,3	84	103	66,6	61	140
36	91,2	87	106	66,7	61	145
38	94	90	109	66,8	61	145
40	98	94	113	66,9	61	145
42	101,9	98	117	67	61	145
44	105,8	103	121,5	67,1	61	145
46	111,8	110	127,5	67,2	61	155
48	117,8	117	133,5	67,3	61	155
50	123,8	124	139,5	67,4	61	170

KLEID MIT FLÜGELÄRMELN

Seite 36-39

FERTIGMASSTABELLE (Maße in cm)

GRÖSSE	Brust-weite	Taillen-weite	Hüft-weite	Länge hintere Mitte	Ärmel-länge	Stoffverbrauch Stoffbreite 140 cm
34	87,9	75,7	103	98	23,9	155
36	90,7	78,7	106	98,1	24,4	155
38	93,5	81,7	109	98,2	24,9	155
40	97,4	85,7	113	98,3	25,5	155
42	101,2	89,7	117	98,4	25,9	155
44	105,1	94,7	121,5	98,5	26,4	170
46	111	101,7	127,5	98,6	27	170
48	116,9	108,7	133,5	98,7	27,5	225
50	122,7	115,7	139,5	98,8	27,9	225

KLEID MIT SPAGHETTI-TRÄGERN

Seite 40-43

FERTIGMASSTABELLE (Maße in cm)

GRÖSSE	Brust-weite	Hüft-weite	Taillen-weite mit Abnäher	Taillen-weite ohne Abnäher	Länge hintere Mitte	Träger-länge	Stoffverbrauch Stoffbreite 140 cm
34	85,1	102	83,4	86,4	78,8	35,4	115
36	87,9	105	86,4	89,4	78,5	35,8	115
38	90,7	108	89,4	92,4	78,2	36,2	115
40	94,4	112	93,4	96,4	77,8	36,7	120
42	98,2	116	97,4	100,4	77,4	37,2	120
44	102	120	101,4	104,4	77	37,8	125
46	107,8	125,5	107,4	110,4	76,5	38,5	125
48	113,6	131	113,4	116,4	76	39,2	160
50	119,4	136,5	119,4	122,4	75,5	39,9	160

ROMANTISCHES BLUSENKLEID

Seite 44-47

FERTIGMASSTABELLE (Maße in cm)

GRÖSSE	Brust-weite	Taillenweite mit Abnäher	Taillenweite ohne Abnäher	Hüft-weite	Klei-der-länge	Ärmel-länge	Stoffverbrauch Stoffbreite 140 cm
34	92,2	79	87	100	97,9	16	185
36	95	82	90	103	98	16	185
38	97,8	85	93	106	98,1	16	185
40	101,7	89	97	110	98,2	16,6	205
42	105,5	93	101	114	98,3	17,2	205
44	109,3	98	106	118	98,4	17,8	215
46	115,2	105	113	123,5	98,5	18,8	215
48	121,1	112	120	129	98,6	19,9	225
50	126,9	118	126	134,5	98,7	20,9	225

LUFTIGES SOMMERKLEID

Seite 48-51

FERTIGMASSTABELLE (Maße in cm)

GRÖSSE	Brust-weite	Taillen-weite	Hüft-weite	Länge hintere Mitte	Stoffverbrauch Stoffbreite 140 cm
34	87,2	73,6	100,5	98	135
36	90,1	77,6	104,5	98	135
38	93	81,6	108,4	98	135
40	96,9	85,6	112,5	98	135
42	100,8	89,6	116,5	98	150
44	104,7	93,6	120,5	98	150
46	111,1	100,1	127	98	185
48	117,5	107,1	133,9	98	185
50	123,9	114,1	140,8	98	185

ELEGANTES KLEID

Seite 52-55

FERTIGMASSTABELLE (Maße in cm)

GRÖSSE	Brust-weite	Taillen-weite	Hüft-weite	Länge hintere Mitte	Stoffverbrauch Stoffbreite 140 cm
34	87,2	73,6	100,5	98	135
36	90,1	77,6	104,5	98	135
38	93	81,6	108,4	98	135
40	96,9	85,6	112,5	98	135
42	100,8	89,6	116,5	98	150
44	104,7	93,6	120,5	98	150
46	111,1	100,1	127	98	185
48	117,5	107,1	133,9	98	185
50	123,9	114,1	140,8	98	185

GEMÜTLICHE RELAXHOSE

Seite 56–59

FERTIGMASSTABELLE (Maße in cm)

GRÖSSE	Taillen-weite	Hüft-weite	Innere Beinlänge	Seitennaht Beinlänge	Stoffverbrauch Stoffbreite 140 cm
34	87,7	94,3	77	95,5	180
36	90,6	97,3	77	95,9	180
38	93,5	100,3	77	96,2	185
40	97,4	104,2	77	96,6	205
42	101,4	108,2	77	97	205
44	105,3	112,2	77	97,4	215
46	110,9	117,7	77,1	98,1	220
48	116,5	123,2	77,1	98,7	225
50	122,2	128,7	77,2	99,4	230

LÄSSIGE SHORTS

Seite 60–63

FERTIGMASSTABELLE (Maße in cm)

GRÖSSE	Taillen-weite	Hüft-weite	Innere Beinlänge	Seitennaht Beinlänge	Stoffverbrauch Stoffbreite 140 cm
34	87,7	94,3	20,1	57,2	110
36	90,6	97,3	20,1	57,8	115
38	93,5	100,3	20,1	58,4	115
40	97,4	104,2	20,1	59,3	120
42	101,4	108,2	20,1	60,1	120
44	105,3	112,2	20,1	60,9	130
46	110,9	117,7	20,2	62,2	130
48	116,5	123,2	20,2	63,4	140
50	122,2	128,7	20,2	64,6	140

SCHWINGENDER ROCK

Seite 64–69

FERTIGMASSTABELLE (Maße in cm)

GRÖSSE	Rock-länge	Taillen-weite	Hüft-weite	Stoffverbrauch Stoffbreite 140 cm
34	50	93,1	135	125
36	50	96,1	138	145
38	50	99,1	141	145
40	50	103,1	145	145
42	50	106,1	148	145
44	50	109,1	151	145
46	50	114,1	156	150
48	50	119,1	161	150
50	50	124,1	166	150

ANGESAGTER PLISSEEROCK

Seite 68–71

FERTIGMASSTABELLE (Maße in cm)

GRÖSSE	Stoffbreite	Gummilänge	Stoffverbrauch Stoffbreite 140 cm
34	125	72	85
36	130	75	85
38	135	78	85
40	140	81	85
42	145 (2x 72,5)	85	170
44	150 (2x 75)	89	170
46	155 (2x 77,5)	93	170
48	160 (2x 80)	97	170
50	170 (2x 82,5)	101	170

JACKE IM BLAZERSTIL

Seite 72–75

FERTIGMASSTABELLE (Maße in cm)

GRÖSSE	Brustweite	Hüftweite	Länge hintere Mitte	Ärmellänge	Saumweite	Stoffverbrauch mit Blende gegengleich Stoffbreite 140 cm	Stoffverbrauch mit Blende im Bruch Stoffbreite 140 cm
34	89	98	67	61	98,9	150	155
36	92	100,8	68	61	101,9	150	160
38	96	104,9	68	61	106	160	160
40	100	109,2	69	61	110,5	165	170
42	105	114,2	69	61	115,5	165	175
44	110,5	119,1	70	61	120,5	165	175
46	116	124,6	70	61	126	165	180
48	122	133	71	61	134,6	170	185
50	128	139,3	71	61	140,6	170	185

LÄSSIGE OVERSIZE-JACKE

Seite 76–79

FERTIGMASSTABELLE (Maße in cm)

GRÖSSE	Brustweite	Taillenweite	Hüftweite	Ärmellänge	Stoffverbrauch Stoffbreite 140 cm
34	103,3	106,1	109,2	62	185
36	106,3	109,1	112,2	62	185
38	109,3	112,1	115,2	62	185
40	113,3	116,1	119,2	62	200
42	117,3	120,1	123,2	62	200
44	121,3	124,1	127,2	62	205
46	127,4	130,1	132,7	62	205
48	133,4	136,1	138,2	62	125
50	139,4	142,1	143,7	62	125

Mein Probenähteam

Seit vielen Jahren arbeite ich mit meinem Probenähteam zusammen um neue Schnitte in verschiedenen Größen an unterschiedlichen Figurtypen zu testen und die dazugehörigen Anleitungen auf ihre Verständlichkeit zu überprüfen.
Meine Probenäherinnen sind vom ersten Schritt an dabei, wenn ein neuer Schnitt entsteht. Nachdem ich einen neuen Schnitt genäht und erste Änderungen mit meinem Schnittbüro durchgegangen bin, erhalten sie die erste Probenäh-Version zusammen mit der Näh-Anleitung. Sie nähen dann in einem vorgegebenen Zeitraum die Schnitte für sich oder ihre Kinder. In unserer eigens gegründeten Facebook-Gruppe zeigen sie ihre Fotos der genähten und getragenen Kleidungsstücke und geben mir wichtiges Feedback. Die Vielzahl der Rückmeldungen hilft mir, gemeinsam mit meinem Schnittbüro notwendige Änderungen in den Schnitt einzuarbeiten und die Anleitung zu ergänzen, falls hier noch Fragen auftauchen. Oft ergeben sich während des Probenähens schöne Variationsmöglichkeiten oder neue Ideen für die Schnitte, die noch umgesetzt werden.
Die Probenäherinnen sind keine professionellen Schneiderinnen, sondern nähen aus Leidenschaft und zum Spaß in ihrer Freizeit. Viele von ihnen zeigen ihre genähten Werke auf ihren Blogs oder bei Instagram und Facebook und tauschen sich mit anderen Nähbegeisterten aus. So ist über die Jahre eine große Näh-Community im Internet entstanden, die viele Inspirationen liefert.
Und das sind meine Probenäherinnen:

annamiarl

Anna

www.instagram.com/annamiarlzlife

Ich komme aus dem schönen Niederbayern und liebe meine Heimat und die Natur. Neben dem Nähen, dem ich seit ungefähr 10 Jahren verfallen bin, gilt meine Leidenschaft der Bewegung an der frischen Luft, meinem Garten und der Fotografie. Und natürlich meiner Familie. Ich arbeite im Büro und versuche mir so kreativen Ausgleich zu schaffen.
Auf meinem Blog Annamiarl zeige ich Genähtes für meine 3 Kinder und mich. Mit Abstand wohl das meiste nähe ich für meine kleine Tochter, aber auch für mich schneidere ich immer mehr und immer anspruchsvoller. Und zunehmend mit dem Fokus auf Nachhaltigkeit und Bio-Stoffe. Die Teenie-Jungs sind deutlich schwieriger und unspektakulärer zu benähen. :-)
Mit Webware nähe ich immer mehr – vor allem auch, seit ich häufiger nach englischsprachigen Schnittmustern nähe. Auch Dirndlnähen finde ich toll, und meine kleine Tochter liebt ihre „schönen besonderen Kleider" sehr.

annegretchen

Anne

www.facebook.de/naehannegretchen
www.instagram.com/annegretchen_

Ich nähe seit über 4 Jahren, habe mit Webware-Blüschen für meine 2 Töchter angefangen und vernähe immer noch leidenschaftlich gerne Webware. Inzwischen nähe ich auch gerne für mich oder ab und an sogar für meinen Mann. Wir leben in einem kleinen, sehr ländlichen Örtchen im Siegerland, und dort jogge ich auch gerne zweimal die Woche durch den Wald.

Fraulula

Claudia

www.fraulula.de

Ich habe 2012 mit dem Nähen angefangen, meine kleine Tochter war gerade 1 Jahr alt. Ich habe mir alles selbst beigebracht und später noch Tipps im Nähkurs geholt. Ich wollte für meine Mädels schöne und individuelle Sachen nähen können.

Inzwischen nähe ich vor allem für mich. Durch meine Proportionen habe ich oben drei Größen kleiner als unten. Da bekommt man kein Kleid von der Stange. Kleider stehen mir am besten und die nähe ich auch am liebsten. Aber meine beiden Töchter und mein Mann kommen auch nicht zu kurz und werden fleißig benäht.
Nur Zuschneiden mag ich nicht, da ich da immer auf dem Boden herumkriechen muss. Außerdem trenne ich mich ungern von Stoffresten.
Webware habe ich schon öfter vernäht, aber hauptsächlich doch dehnbare Materialien. Im Sommer sind aber Teile aus Webware einfach unschlagbar und festlicher wirken sie auch.
Ich komme aus dem wunderschönen Herzen des Frankenlandes nahe bei Nürnberg.
Sonst machen mir Theaterspielen an meiner Schule, weitere kreative Tätigkeiten und die Organisation von diversen Veranstaltungen viel Freude.

Frau-maerz

Andrea

www.instagram.com/frau_maerz

Ich nähe seit 10 Jahren, am liebsten Kleidung für mich und meine Familie – von Shirts über Hosen, Hoodies und Jacken bis zu Mänteln. Mein Kleiderschrank ist voller Me-made-Teile, hauptsächlich aus Webware oder dehnbaren Stoffen. Ich nähe eher ungern Accessoires. Ich lebe in Bayern, westlich von München, und mag reisen, unseren Landrover (Offroad-Fahren) und Camping.

HintaPalinta

Nina

www.facebook.com/HintaPalintaSchaukeln

Ich bin Nina, komme aus dem hohen Norden und nähe seit 2016. Begonnen habe ich mit Babykleidung für unsere zweite Tochter, die ich zu diesem Zeitpunkt erwartet habe. Nach und nach habe ich angefangen, auch für mich zu nähen. Zur Webware bin ich tatsächlich über Lillesol & Pelle gekommen, denn vorher habe ich mich nie getraut, Kleidung aus Webware zu nähen. Ein Probenähen für mich und meine Tochter war dann mein erstes Webware-Projekt. Das Nähen ist meine absolute Leidenschaft, aber besonders meine Familie und Zeit mit meinen beiden Töchtern zu verbringen ist mir sehr wichtig.

Karo

Katja

www.facebook.com/KaRo21213

Ich nähe seit über 4 Jahren und benähe inzwischen die komplette Familie inklusive Haustiere. Am liebsten nähe ich Kleidung für mich und meine Zwillingsjungs. Schon immer habe ich lieber mit Jersey genäht, aber durch das Mitnähen für dieses Buch großen Spaß an Webware gefunden. Ich mag alles, was mit Kreativität zu tun hat, aber für andere Handarbeiten als das Nähen habe ich leider nur wenig Talent ;-) Ich liebe das Nähen, weil ich damit meine Kleidung genauso gestalten kann, wie sie mir gefällt. Außerdem ist es toll, dass man über Social-Media tolle Leute – inzwischen einige auch persönlich – kennenlernt.
Ich komme aus dem schönsten Bundesland der Welt (Saarland – so heißt es immer bei uns). Neben dem Nähen liebe ich das Reiten (habe ein eigenes Pferd) und das Lesen.

Kathisnähwelt

Kathi

www.instagram.com/kathisnaehwelt

Ich bin Kathi und nähe seit ca. 10 Jahren. Schon meine Großmutter hat viel für uns genäht und ich hatte immer großes Interesse am Handarbeiten: Strickliesel, Webrahmen und Co. waren meine Begleiter der Kindheit. Meinen Blog schreibe ich seit 2011. Der Blog ist aus einer spontanen Lust entstanden. Als ich wegen der Arbeit nach Kulmbach gezogen bin, hat fast zeitgleich ein Kreativgeschäft mit Stoffen eröffnet. Ich habe dort Kurse besucht und eine der Kursleiterinnen war Bloggerin. Als ich auf ihrem Blog war, habe ich den Hinweis „Neuer Blog" angeklickt und einfach angefangen. Ganz spontan. Heute ärgere ich mich etwas, dass alles nur ca. 2 Minuten gedauert hat, denn sonst hätte mich mir über den Namen gewiss mehr Gedanken gemacht. „Kathis Nähwelt" ist also aus dem Bauch raus entstanden, ohne lange nachzudenken. Ich teste sehr gerne Neues aus und lerne so immer weiter. War es am Anfang noch das Jersey-Nähen, dem ich mit großem Respekt begegnet bin, suche ich heute immer mehr

Herausforderungen: Kragen, Knopfleisten, Jeans nähen. Shirts entstehen fast nebenbei. Zu meiner Ausstattung zählen neben der normalen Nähmaschine und der Overlock auch noch eine Cover, ein Plotter und eine Stickmaschine. Insbesondere die Cover ist mein liebstes Spielzeug. Ich bin Jahrgang 1986, seit 2014 verheiratet und seit 2015 ist unser Sohn Ole bei uns. 2018 ist der zweite Junge in unsere Familie gekommen. Im Alltag arbeite ich in Kulmbach, einer Kleinstadt in Oberfranken, in einer recht großen Lebensmittelfirma im Qualitätsmanagement (Zertifizierungen, Dokumente etc.).
Eigentlich komme ich aus der Nähe von Hildesheim (bei Hannover), aber nach dem Studium habe ich in der Heimat keine Arbeit gefunden und bin daher nach Oberfranken/Bayern gegangen.

kitzundkautz

Julia

www.kitzundkautz.de
www.instagram.com/kitzundkautz

Hey, ich bin Julia aus Frankfurt, verheiratet und Mutter von zwei Mädels. Zum Nähen kam ich 2011 mit der Geburt meiner großen Tochter und habe seither nicht mehr aufgehört. 2016 bekam ich die Möglichkeit, mein Hobby zum Beruf zu machen, und habe seitdem einen Stoffladen in Frankfurt.
Da es einfach und schnell geht, vernähe ich sehr gerne Jersey, aber noch viel lieber Webware. Damit kann man nämlich schöne raffinierte Techniken und Spielereien anwenden. Neben Kleidung für meine Lieben und mich nähe ich auch Umstandsmode und Auftragsarbeiten aus Baumwolle, die ich gerne individualisiere.
Als Ausgleich zum Nähen bin ich mit unserem Familienhund Nelly und den Kids gerne im Grünen unterwegs. Im Winter treibt es uns alle in die Berge, wo wir den Schnee genießen und die Pisten unsicher machen. Im Sommer findet man uns mit unserem Camper Richtung Schweden, wo wir uns alle sehr wohlfühlen. In meiner Freizeit habe ich fast immer eine Kamera dabei, denn ich liebe es zu fotografieren.

kroetenkrempel

Christiane

www.kroetenkrempel.blogspot.de
www.facebook.com/kroetenkrempel
www.instagram.com/kroetenkrempel

Ich blogge seit 2012 unter kroetenkrempel, nähe aber schon seit 7,5 Jahren – anfangs nur für die Kinder, dann aber auch schnell für mich. Ich liebe es, Kleider zu nähen, und bin Mutter von zwei Mädchen.
Aufgewachsen auf einem Bauernhof, bin ich ein echtes Landkind, lebe am mittleren Niederrhein und verbringe gerne Zeit draußen. Als Besitzerin von zwei Ponys habe ich mir vor kurzem einen Kindheitstraum erfüllt und selbst reiten gelernt. Außerdem bin ich seit Kindertagen bei den Pfadfindern.
Neben dem Nähen mache ich gerne DIY mit Holz und bastele mit Stempel und Plotter.

lariundfari

Imme

www.facebook.com/lariundfari

Ich lebe mit meiner Familie in der Lüneburger Heide, Heidschnucken haben wir zwar nicht, dafür aber eine Katze und jede Menge Bienen ...
Zum Nähen habe ich erst sehr spät gefunden, aber seit der ersten Naht hat es mich gepackt und ich nähe fast täglich alles querbeet. Von Kinderkleidung, Wimpelketten bis hin zu Taschen und Rucksäcken ist eigentlich alles dabei!
Nähen habe ich tatsächlich mit den tollen Fotoanleitungen von Lillesol & Pelle gelernt ;-).

lisimade

Elisabeth

www.lisimade.blogspot.de
www.facebook.com/lisimade
www.instagram.com/lisimade07

Faszinierend fand ich es schon immer, wie aus zweidimensionalem Stoff ein dreidimensionales Gewand entsteht. Den Grundstein für dieses Interesse hat meine Mama gelegt. Die ist Schneidermeisterin und Lehrerin an einer Modeschule, und

ich konnte in meiner Kindheit viel Zeit in ihrer Werkstatt verbringen. Ich erinnere mich noch an die etwas unheimliche Faszination, die ihre Bügelanlage auf mich ausübte. Dieser riesige Metalltisch mit dem Absaugpedal und die lauten Zischgeräusche ... Es gab auch immer einen Haufen Stoffreste zum Spielen. Da habe ich Näh-Basiswissen aufgeschnappt und erste Nähversuche gemacht. Irgendwie habe ich die Näherei dann aus den Augen verloren, und schon während meiner Studienzeit und auch danach hat meine Nähmaschine ein eher eingestaubtes Dasein gefristet. Herausgeholt habe ich sie wieder nach der Geburt meines dritten Kindes. Der Restschwangerschaftsbauch hielt sich lange, insgesamt wollte die Post-Schwangerschafts-Figur nicht so recht in Kleidung mit Norm-Maßen passen. Ich war so frustriert darüber, nichts Passendes zum Anziehen zu haben, dass ich begonnen habe, mir zu nähen, was mir gefällt, - und vor allem, was mir passt. Also habe ich mich ein wenig schlau gemacht und mich in die Basics der Schnittmusteranpassung eingearbeitet und nähe täglich - für mich und meine Familie und überhaupt. Am liebsten nähe ich Kleidungsstücke, aber auch Taschen zu nähen gefällt mir. Ich mag klare Linien und gut konstruierte Schnitte. Den Wiedereinstieg ins Nähen habe ich mit Strickstoffen gemacht, Jersey, Sweat und Co. verzeihen kleinere Ungenauigkeiten und Fehler, während Webstoffe etwas mehr Sorgfalt bei der Verarbeitung erfordern. Mittlerweile verarbeite ich beides sehr gern. Das Schöne an einem Hobby wie Nähen ist ja, dass man sich immer weiter vertiefen, immer neue Techniken lernen und seine Fertigkeiten stetig verbessern kann.
Seit kurzem habe ich auch das Stricken wiederentdeckt. Und generell mag ich es, vieles selber zu machen/machen zu können. Ich baue Gemüse an, koche und backe gern ..., bin Hobby-Imkerin, studierte Psychologin, oberösterreichisches Landei, habe mehr als 10 Jahre in Wien gelebt, bin dann nach Mittelfranken ausgewandert ...

MIAS Abenteuerland

Nicole

www.MIAS-Abenteuerland.blogspot.com
www.MIAS-Abenteuerland.de
www.facebook.com/MIAS.Abenteuerland

Ich nähe seit fast 15 Jahren, zu Beginn nur für mich selbst, dann kamen die Mädels (10 und 6 Jahre). Heute nähe ich fast die gesamte Kleidung für mich (außer Jeans), beide Kinder tragen gerne Genähtes und nähen mittlerweile auch selbst. Aus der Leidenschaft für Stoffe ist seit mehreren Jahren ein Stoffhandel (vorrangig online, aber immer mehr Vor-Ort-Verkauf) entstanden.
Ich bin gelernte Agrar-Ingenieurin und BUNT ist mein Lebensmotto. Daher kann man bei uns neben Stoffen auch bunte Kartoffeln (historische Sorten), bunte Tomaten (alte Sorten, Sortenvielfalt) und Speisekürbisse kaufen. Wir leben auf einem großen, fast 200 Jahre alten Hof, halten im Nebenerwerb Mutterkühe, haben eine katalanische Rieseneseldame, Kaninchen und Hühner.
Kreativität ist ein großes Thema bei uns, wir probieren gerne auch viele Ideen aus. So verschönern wir zum Beispiel auch passend zum Hof alte Möbel.

mini-wölkchen

Nicole

www.instagram.com/miniwoelkchen
www.facebook.com/miniwoelkchen

Ich habe schon im Kindesalter meiner Oma beim Nähen über die Schultern geschaut und mir dann als Teenie coole Klamotten genäht (ich fand sie auf jeden Fall cool ;-). Meist sogar noch selber mit Stofffarben bemalt oder gefärbt.
Mit der Geburt meiner Kinder habe ich dann das Hobby wieder entdeckt. Mich hat die Nähleidenschaft gepackt, und zeitweise habe ich die komplette Garderobe vor allem für meine Tochter selbst genäht. Inzwischen sind es Teenies und ich nähe vieles nur noch für mich. Manchmal darf ich den Teenies zwar noch ihre Wunschteile nähen, aber der Schwerpunkt liegt inzwischen eindeutig bei mir.
Ich schätze sehr, raffinierte Details in meine Kleidung einzubauen, und liebe es, Unikate zu tragen, die es nur für mich gibt.
Ich nähe alles, was mir unter die Nadel kommt: Jersey, Sweat, Strick, Webware, Kunstleder, Kreativpapier.... Egal ob Mantel, Shirt, Hose oder Tasche, alles wird ausprobiert. Was soll schon schiefgehen? Auch sehr gerne Taschen oder Deko bzw. Heimtextilien. Zum Glück bringen die vielen Jahre Erfahrung beim Nähen da inzwischen eine hohe Erfolgsquote und Geling-Garantie mit sich. Ich weiß inzwischen, was mir steht und was mir gefällt. Und wenn mal was danebengeht, ist es mir

egal, denn dann habe ich zumindest an Erfahrung gewonnen. Zum Glück passiert das selten, und ich freue mich über meinen Kleiderschrank, der fast zu drei Viertel mit selbst genähten Kleidungsstücken gefüllt ist.
Eine moderne Gestaltung ist mir beim Selbernähen sehr wichtig, und daher bin ich immer auf der Suche nach neuen Trends, Materialien oder Ideen. Die Social Media bieten da eine super Quelle der Inspiration. Auch der Austausch mit Gleichgesinnten in der Nähcommunity ist eine Bereicherung meines Alltags. Daher liebe ich es, mich bei Instagram oder Facebook mit anderen Nähbegeisterten auszutauschen.
Ich komme aus dem Schwarzwald in der Nähe von Freiburg und neben dem Nähen und Handarbeiten koche und backe ich leidenschaftlich gerne und genieße auch die Zeit in meinem Garten oder beim Malen oder bei allem anderen rund ums Selbermachen.
Alles, was ich mit meinen Händen und meiner Kreativität herstellen kann, macht mir Freude – der perfekte Ausgleich zu meinem Job als Betriebswirtin in einem großen Unternehmen und meiner Rolle als Mutter und Familienmanagerin.

Miss Elbneedle

Andrea

www.misselbneedle.de
www.instagram.com/miss_elbneedle

Ich lebe im schönen Hamburg direkt an der Elbe. Seit 3 Jahren ist das Nähen mein perfekter Ausgleich zu meinem Job als Lehrerin. Am liebsten nähe ich schöne Kleider für mich oder schicke Taschen und Täschchen, die ich dann auch gerne an Freundinnen verschenke. Auf meinem Blog zeige ich seit 1/2 Jahr meine Nähwerke und teile auch meine zweite Leidenschaft – das Reisen – mit meinen Lesern. Anfangs habe ich einen großen Bogen um Webware gemacht, aber inzwischen vernähe ich sie fast so gerne wie Jersey und Sweat.

miss mifefe

Michaela

www.miss-mifefe.blogspot.de
www.instagram.com/miss mifefe

Ich wohne im schönsten Bundesland der Welt, hoch im Norden zwischen Nord- und Ostsee. Zum Nähen bin ich durch meine Oma gekommen. Sie hat mit uns im Haus gelebt und als Kind saß ich oft bei ihr in der Nähstube und habe mit Knöpfen und Stoffresten gebastelt. In der 5. Klasse hatten wir Nähen im Handarbeitsunterricht und da bekam ich dann zu Weihnachten meine erste Nähmaschine und war infiziert. Als Teenager geriet das Nähen in Vergessenheit, aber mit der Geburt meiner ersten Tochter 2003 fing ich wieder an. Am Anfang nähte ich Taschen und Deko, aber ganz schnell auch Kleidung. Mittlerweile nähe ich überwiegend für mich und meine jüngere Tochter, die 2008 zur Welt kam. Da ich einen Bürojob im Leben 1.0. habe, nähe ich gerne Blusen und Tuniken aus Webware für mich. Was ich beim Nähen überhaupt nicht mag, ist das Zuschneiden.

MonesAtelier

Simone

www.instagram.com/monesatelier
www.facebook.com/simone.rennert.5

Ich komme aus Aachen und habe noch in der Schule Textilunterricht mit Nähmaschine-Nähen gehabt. Aber erst beim 3. Kind bin ich wieder aktiv zum Nähen gekommen. Seitdem hänge ich an der Nadel und bin stoffsüchtig. Am liebsten nähe ich für mich und meine Mini, ob Jersey oder Baumwolle ist mir eigentlich egal.

nähhaus

Ursula

www.instagram.com/ursulaprodinger

Schon im Kindergartenalter habe ich gehäkelt und gestrickt. Im Alter von 10 Jahren habe ich begonnen, mit der Nähmaschine zu nähen. Sehr gerne nähe ich Webware, dabei darf es auch aufwendig sein. Neben Nähen, Stricken, Häkeln, Tapezieren, Sägen, Streichen, Reisen und Joggen habe ich jetzt noch Yoga zum Entspannen für mich entdeckt. Ich wohne im Schwarzwald, bin verheiratet und Mutter von drei Jungs.

pfuetzenhuepfer

Simone

Ich nähe seit ca. 5 Jahren –vor allem für meine Kinder und für mich, aber auch gerne Geschenke zur Geburt, die man auch bei mir bestellen kann. Dabei macht mir besonders Spaß, dass ich Kleidungsstücke nach meinen eigenen Vorstellungen gestalten kann, die kein anderer hat. Angefangen zu nähen habe ich mit Webware, dann kam schnell auch Jersey, Sweat und Leder (für Pantoffeln) dazu. Ich wohne im schönen Maintal zwischen Spessart und Odenwald.

Ich stricke und häkle auch sehr gerne und spiele alle zwei Jahre mit meiner ganzen Familie auf unserer Burgruine Theater.

Ranelabel

Christiane

Ich komme aus der schönen Hansestadt Hamburg und nähe seit rund 5½ Jahren. Das Nähen ist mein Ausgleich zum Büroalltag. Wenn es gut läuft, halte ich beim Nähen an einem Abend ein fertiges Projekt in Händen. Ich versuche aus möglichst wenig Stoff etwas Tolles zu zaubern und „spiele" daher mit Schnittmustern oft „Schnittmuster-Tetris". Gerne nähe ich für mich und meine Tochter. Mittlerweile äußert aber auch mein Mann seine Wünsche.

Bisher habe ich überwiegend dehnbare Stoffe verarbeitet. Dieses Buch ist für mich ein guter Einstieg in die Welt der Kleidung aus Webware einzutauchen. Dadurch könnte ich tatsächlich noch zum Blusenfreund werden!

Bei meiner Körpergröße von 1,82 m bedarf es oft der Anpassungen von Schnitten. Ich habe meinen Körper durchs Nähen erst richtig kennengelernt. Z. B. habe ich festgestellt, dass meine Länge im Oberkörper sitzt. Ebenso müssen die Ärmel immer verlängert werden. Die Beinlänge ist dagegen eher „normal".

Helene Schneider

Ich nähe seit 5 Jahren, weil ich gerne weiß, wer die Kleidung, die ich trage, gemacht hat und somit niemand ausgebeutet wird. Am liebsten nähe ich für mich und für meine Kinder Kleider. Webware ist in meinen Augen besonders schön, aber auch etwas anspruchsvoll zu verarbeiten. Es gibt tolle Stoffe, die ich auch gerne mit Applikationen verziere und zu festlichen Kleidungsstücken verarbeite.

Bügeln mag ich nicht, leider ist es beim Nähen aber unverzichtbar …

Weisnaeschen

Verena

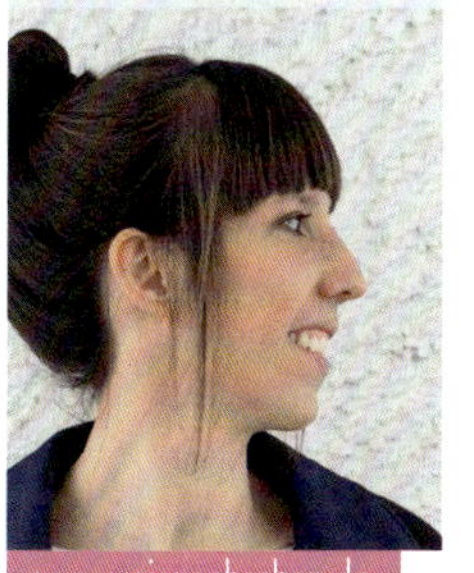

Mit dem Nähen habe ich schon im Jahr 2005 begonnen, allerdings ganz ohne Schnittmuster. Ich habe einfach drauflos genäht und Taschen gemacht, dann aber wieder aufgehört.

Eine liebe Freundin steckte mich 2013 erneut mit dem Nähfieber an und empfahl den Kauf einer Overlock. Ich fing mit Kinderkleidung an, ging dann aber schnell dazu über, auch meine eigene Kleidung selbst zu nähen und manchmal sogar die meines Mannes. Zuerst verarbeitete ich fast ausschließlich Jersey und Sweat, dann aber immer öfter auch mal Webware (Kinderhosen/Blusen). Auch jetzt nähe ich total gerne Taschen, Täschchen, Decken und Rucksäcke. Das ist alles gar nicht so schwer, wenn man die richtigen Schnitte und Anleitungen hat!

Meinen Blog betreibe ich seit Mai 2016 und ziemlich schnell hab ich dann auch mit dem Probenähen angefangen. Mein allererstes Probenähen hatte ich natürlich bei Julia von Lillesol & Pelle!

Ich werfe nicht gerne Dinge weg und versuche deshalb auch Stoffreste noch sinnvoll zu verwerten (z. B. Patchworkdecke). Außerdem finde ich Upcycling ganz toll und mache dann z. B. aus einer alten Herrenhose eine neue Kinderhose oder eine Tasche aus Jeanshosen.

Grund lagen

SO KANNST DU DIR ALLE MODELLE RUNDUM ANSCHAUEN

Du möchtest sehen, wie dein Lieblingsmodell rundum sitzt? Du möchtest Details wie Kragen, Knopfleiste, Ausschnittverarbeitung und mehr heranzoomen? Dann entdecke online die 360° Fashion-Ansicht!

So funktioniert's

1. Erstelle deine persönliche Bibliothek und registriere dich dafür bitte einmalig unter: www.TOPP-KREATIV.de/DigiBib.
2. Nach erfolgreicher Registrierung gibst du den im Impressum befindlichen Freischaltcode ein.
3. Du erhältst nun Zugang zu deinen digitalen Extras.
4. Die 360° Fashion-Ansicht und alle weiteren digitalen Extras anderer Bücher, die du dir gekauft hast, werden deiner persönlichen Bibliothek zugeordnet, so dass du beliebig oft elektronisch und von unterwegs darauf Zugriff hast. So kannst du zum Beispiel auch Videoanleitungen ansehen, Grundtechniken erlernen oder Vorlagen und Schnittmuster herunterladen, je nachdem, welches digitale Extra dein Buch mitbringt.

Das Beste

Du bist bereits registriert und in deiner persönlichen Bibliothek unter www.TOPP-KREATIV.de/DigiBib eingeloggt? Du hast auch schon den Freischaltcode, der sich im Impressum dieses Buches befindet, eingegeben? Dann achte auf den nachfolgenden Seiten auf den QR-Code und/oder Link. Wenn du den beim jeweiligen Modell abgebildeten Link in deinen Browser eingibst oder den QR-Code scannst, dann gelangst du direkt zur 360°-Ansicht in deiner persönlichen Bibliothek. Dem Nähen steht nichts mehr im Weg – los geht's!
Dieses Angebot ist unverbindlich und gilt nur für Käufer des Buches. Ebenso liegt uns der Datenschutz am Herzen, so dass wir keine Daten an Dritte weitergeben. Genaue Informationen entnimmst du bitte unserer Datenschutzerklärung auf: www.TOPP-KREATIV.de/Datenschutz

NÄHZUBEHÖR

Um viel Freude beim Nähen zu haben, sind eine gute Vorbereitung und eine Grundausstattung mit den wichtigsten Materialien fürs Markieren, Messen, Stecken, Schneiden und Nähen unerlässlich. Es empfiehlt sich, bei der Anschaffung auf Qualität zu achten. So werden die Schneiderwerkzeuge einen viele Jahre begleiten. Wer im Laufe der Zeit seine Leidenschaft fürs Nähen entdeckt, kann die Grundausstattung nach und nach durch weitere nützliche Helfer ergänzen.

GRUNDAUSSTATTUNG

Stoffschere

Eine qualitativ hochwertige Stoffschere ist das wichtigste Werkzeug beim Zuschneiden. Die Klingen sollten für saubere und präzise Schnitte lang genug sein, und die Schere muss gut in der Hand liegen. Die Stoffschere ist meist asymmetrisch geformt. So bleibt der Stoff beim Zuschneiden flach auf dem Tisch liegen und verzieht sich nicht. Mit der Stoffschere sollte immer nur Stoff geschnitten werden, andere Materialien machen sie stumpf.

Kleine Schere

Eine kleine, spitze Schere ist das ideale Werkzeug, um überstehende Fäden abzuschneiden, vorsichtig in die Ecken zu schneiden bzw. sehr dicht an der Naht entlangzuschneiden. Mit ihr lassen sich Knopflöcher auftrennen und überstehende Stoffenden an Nahtzugaben einkürzen. Idealerweise liegt sie immer griffbereit an der Nähmaschine.

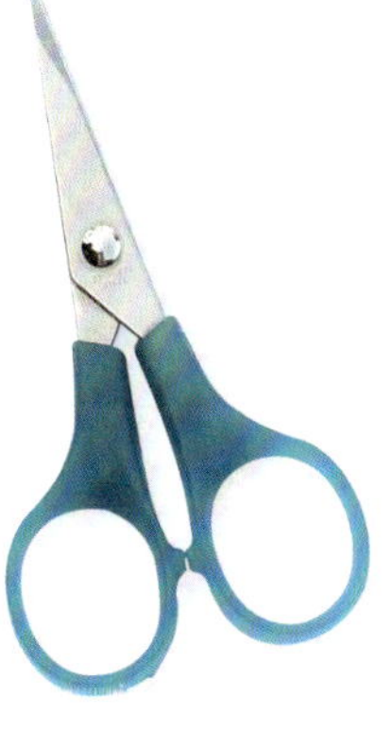

Papierschere

Die Papierschere muss in der Regel nicht extra angeschafft werden, da sie in den meisten Haushalten ohnehin vorhanden ist. Mit ihr werden Schnittmuster zugeschnitten.

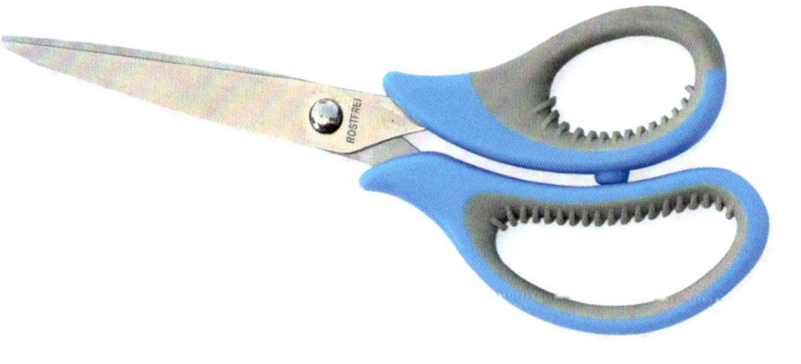

Nahttrenner

Der Nahttrenner (oder Pfeiltrenner) ist praktisch, um eine Naht aufzutrennen. Der spitze Haken wird unter den Faden zwischen die Stofflagen geschoben, und mit der Klinge in der Rundung wird die Naht aufgetrennt. Die kleine Kugel soll verhindern, versehentlich in den Stoff zu schneiden. Trotzdem sollte man dabei immer langsam und vorsichtig vorgehen, da es leider immer wieder vorkommt, dass der Nahttrenner abrutscht und ein Loch in den Stoff schneidet. Der Nahttrenner kann auch zum Öffnen von Knopflöchern verwendet werden.

Maßband

Meist in Längen von 1,5 oder 2 m erhältlich, ist ein Maßband unerlässlich zum Maßnehmen von Stoff- und Schnittteilen, vor allem aber von Körpermaßen. Beim Nähen kann man damit immer wieder Maß nehmen und Schnittteile eventuell anpassen. Das Maßband sollte flexibel und nicht dehnbar sein.

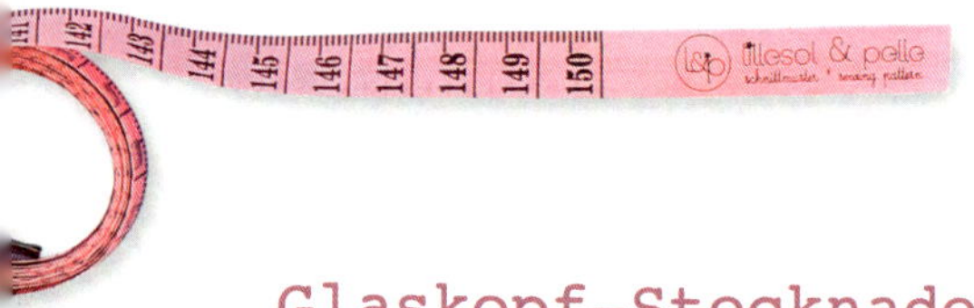

Handmaß

Das Handmaß ist meist 20 cm lang und damit sehr handlich. Damit lassen sich sehr gut kleine Maße nehmen, wie z. B. bei Säumen, Nahtzugaben, Falten oder Abnähern.

Glaskopf-Stecknadeln

Glaskopf-Stecknadeln eignen sich bestens als Universal-Nadeln zum Stecken von Schnittteilen. Die bunten Nadelköpfe sind in Stoffen gut sichtbar und lassen sich durch ihre Glasköpfe auch überbügeln. Doch Vorsicht: Die Kugelköpfe drücken sich durch! Zwar sind Glaskopf-Stecknadeln für die meisten Stoffe fein genug, um keine Einstichstellen und unschöne Löcher zu erzeugen, doch für sehr feine Stoffe sollte man trotzdem lieber auf extrafeine Nadeln zurückgreifen.

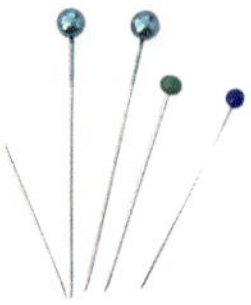

Sicherheitsnadeln

Sicherheitsnadeln lassen sich vielfältig einsetzen. Sie können mehrere Lagen Stoff fixieren, falls dieser zu dick oder zu grobmaschig für Stecknadeln ist. Sie sind in unterschiedlichen Größen erhältlich. Besonders praktisch ist eine etwas größere Sicherheitsnadel, die zum Durchziehen von Bändern durch Tunnelzüge verwendet werden kann.

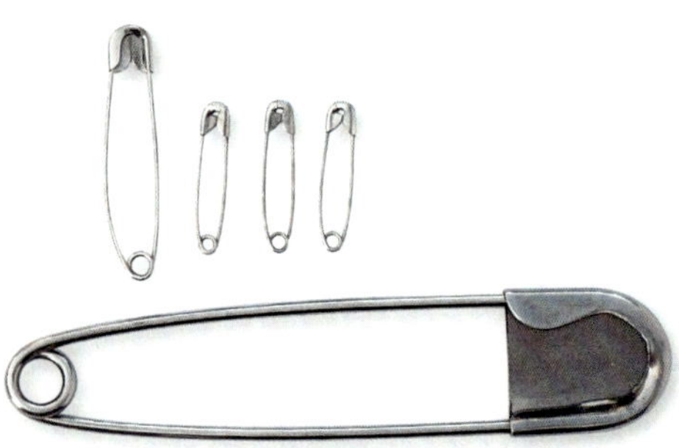

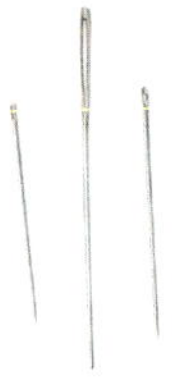

Handnähnadeln

Ein Universal-Set von Handnähnadeln gehört in jedes Nähkästchen. Je nach Stoff und Verwendungszweck werden unterschiedlich starke Nadeln benötigt: zum Vernähen von Fäden, zum Annähen von Knöpfen, zum Aufnähen von Perlen, Pailletten, Borten etc. Ein Fingerhut schützt die Fingerkuppe vor Nadelabdrücken.

Schneiderkreidestift

Markierwerkzeuge gibt es in den unterschiedlichsten Formen und Farben. Mit der Zeit wird jede Hobbyschneiderin ihr Lieblings-Markierwerkzeug für sich entdecken. Für den Anfang empfiehlt sich ein einfacher Schneiderkreidestift. Damit kann man verhältnismäßig präzise Markierungen wie beispielsweise Abnäher, Passzeichen, Saum- und Nahtzugaben auf den Stoff übertragen. Wichtig: Möglichst auf der linken Stoffseite markieren! Schneiderkreidestifte bekommt man auch mit wechselbaren Farben für verschiedene Stofffarben.

Bügeleisen

Manchmal unterschätzt, aber eines der wichtigsten Utensilien zum Nähen überhaupt ist das Bügeleisen. Nur durch präzises Bügeln zwischen den einzelnen Nähschritten wird ein Kleidungsstück wirklich perfekt. Lieber einmal mehr zum Bügeleisen greifen als einmal zu wenig (ohne Abbildung)!

ERGÄNZENDES ZUBEHÖR

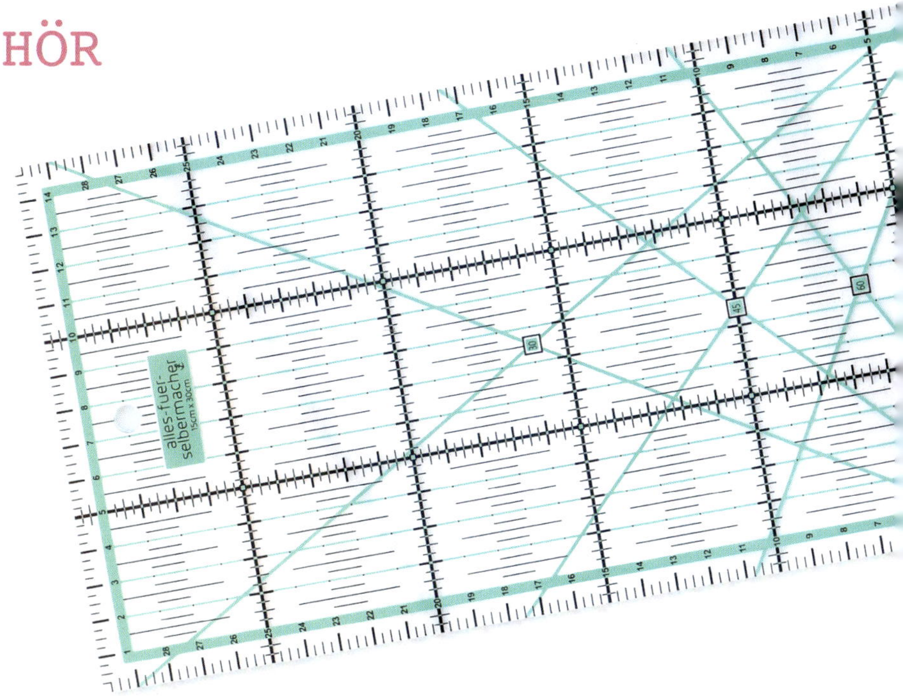

Patchworklineal

Wer mit einem Rollschneider zuschneidet, weiß schnell das Patchworklineal zu schätzen. Mit ihm und seiner Rasterung lassen sich ganz einfach und präzise lange, gerade Teile wie Schrägbänder, Stoffstreifen, Bündchen, Taschenteile oder Kissen zuschneiden. Patchworklineale gibt es in verschiedenen Längen, es empfiehlt sich eine Länge von 45 cm oder 60 cm.

Schneidematte

Unerlässlich für das Zuschneiden mit einem Rollschneider sind passende Schneidematten. Auf der Vorder- und Rückseite einer Schneidematte sind eine Zentimeter- und eine Inch-Rasterung aufgedruckt, die es besonders leicht machen, gerade Teile wie Schrägband, Streifen oder Bündchen zuzuschneiden. Es sollte immer darauf geachtet werden, dass beim Zuschneiden auf der Schneidematte keine Fremdkörper wie z. B. Stecknadeln liegen, da diese sofort die Klingen der Rollschneider zerstören.

Rollschneider

Besonders praktisch für das Zuschneiden sind Rollschneider. Sie sind in unterschiedlichen Größen verfügbar und schneiden millimetergenau auch durch mehrere Lagen Stoff. Wichtig ist es, auf eine hochwertige und intakte Klinge zu achten. Rollschneider mit kleinem Klingendurchmesser schneiden sehr gut enge Rundungen und kleine Ecken und Kanten, große Klingendurchmesser hingegen lange Schnittkanten. Bekannt sind die Rollschneider vom Quilten und Patchworken, sie werden jedoch inzwischen auch gerne für das Zuschneiden von Bekleidung eingesetzt, da das Zuschneiden schnell und sehr akkurat geht.

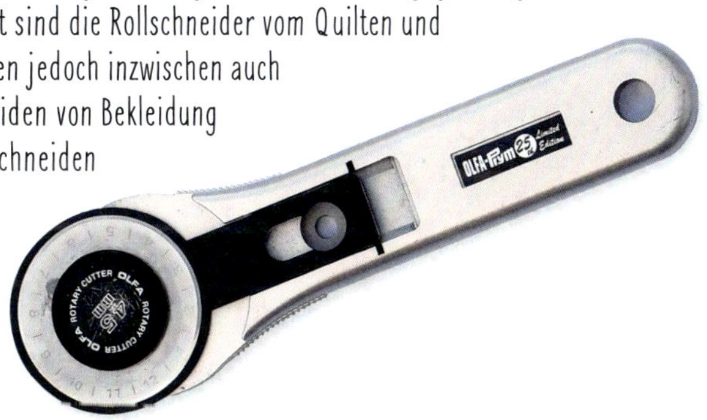

Zackenschere

Die Zackenschere schneidet ein gleichmäßiges Zackenmuster in den Stoff – und das hat nicht nur dekorative Gründe, sondern auf diese Weise wird der Stoff versäubert und bis zu einem gewissen Grad ein Ausfransen verhindert.

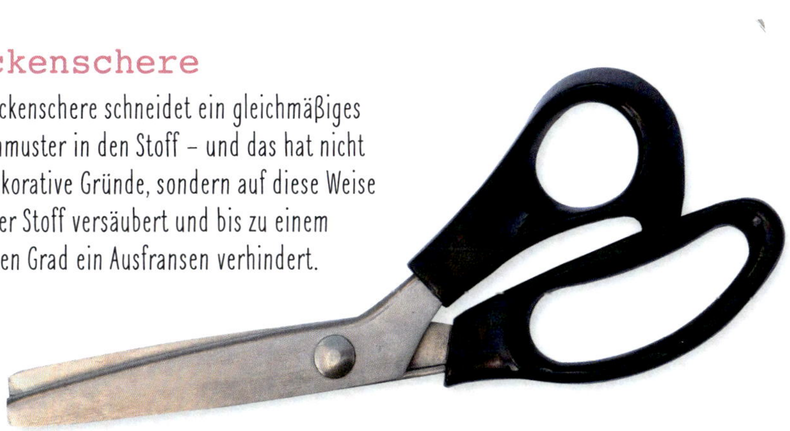

Extrafeine Nadeln

Da extrafeine Nadeln nur minimale Einstichstellen im Stoff hinterlassen, eignen sie sich besonders für sehr feine Stoffe. Sie haben oft nur einen kleinen Kopf, sodass sie sich beim Überbügeln nahezu nicht abdrücken.

Wonderclips

Noch relativ neu auf dem Markt, kommen Wonderclips im Bereich des Steckens oder genau genommen des Zusammenklammerns zum Einsatz. Wo beispielsweise Stecknadeln die Eigenschaften von Spezialstoffen (wie Softshell oder Regenmantelstoff) durch ihre Einstiche zunichte machten oder wo besonders dicke Stofflagen etwa bei Mänteln mit Reißverschlüssen zusammen„gesteckt“ werden müssen, erweisen sich Wonderclips als sehr hilfreich.

Nadelkissen

Natürlich können Stecknadeln stets aus ihrer Verpackung genommen und wieder zurückgelegt werden. Sehr viel praktischer sind jedoch Nadelkissen, die es in allen möglichen Formen und Farben gibt. Sie können praktisch neben der Nähmaschine platziert oder am Handgelenk getragen werden. So sind die Nadeln immer griffbereit.

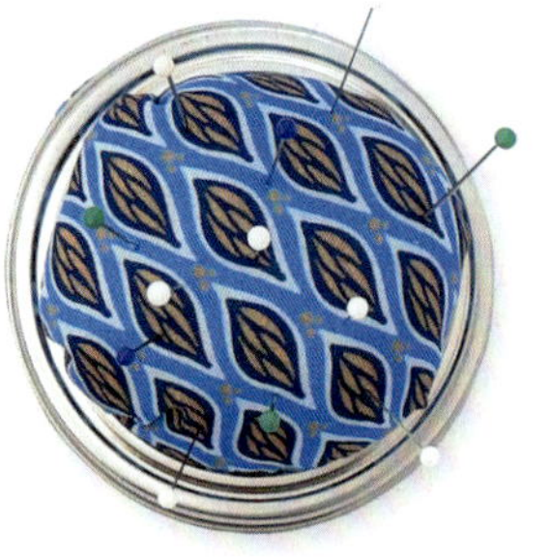

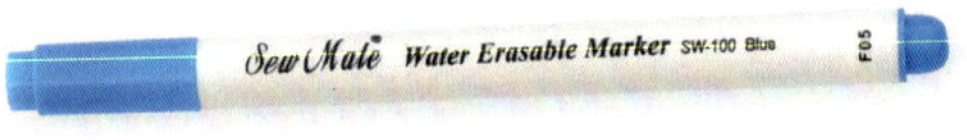

Textilmarker

Neben den praktischen Schneiderkreidestiften bietet der Handel eine Vielzahl weiterer Markierungswerkzeuge. Praktisch sind Textilmarker, die entweder auswaschbar sind oder als Trickmarker nach einer Zeit von alleine verschwinden.

Schneiderkreide

Mit Schneiderkreide in der herkömmlichen Form oder als Kreiderad können gut längere Strecken wie Säume oder Nahtzugaben markiert werden. Kreide lässt sich meist problemlos abbürsten.

Schneiderbüste

Wer regelmäßig und gerne näht, sollte über die Anschaffung einer Schneiderbüste nachdenken. Ihr kann man während des Nähens immer wieder Kleidungsstücke zu Kontrollzwecken überziehen und an ihr lassen sich Schnittteile oftmals leichter stecken. Es gibt individuell verstellbare Schneiderpuppen, die man an die eigenen Maße anpassen kann. Schneiderpuppen ersetzen zwar keine vollständige Passformkontrolle, erleichtern das maßangefertigte Nähen allerdings ungemein (ohne Abbildung).

NÄHMASCHINEN

Der Markt bietet eine Vielzahl an verschiedenen Nähmaschinen – von der einfachen mechanischen bis zur computergestützten Nähmaschine, im Bereich der Spezialmaschinen von der Overlock- bis zur Coverlock-Maschine.
Grundsätzlich sollte man sich beim Kauf einer neuen Maschine im Fachhandel beraten lassen, damit die neue Nähmaschine auch wirklich auf die eigenen Bedürfnisse zugeschnitten ist und die Bedienung für einen selbst leicht von der Hand geht. Oftmals kann man die Handhabung im Fachhandel vor Ort testen, häufig werden auch Einführungstermine oder Schulungen für die neue Nähmaschine angeboten. Die Kaufentscheidung sollte lieber von einem sauberen Stichbild abhängig gemacht werden, als von der Menge der Zierstiche und Zusatzfunktionen.
Gerne vernachlässigt wird das Maschinenhandbuch, dabei sollte es immer griffbereit liegen. Es ist wirklich empfehlenswert, sich bei der Neuanschaffung einer Nähmaschine Schritt für Schritt mit ihren wichtigsten Funktionen vertraut zu machen und diese auszuprobieren. Auch nach längerer Nutzungszeit kann ein Blick in das Maschinenhandbuch bei Problemen mit dem Stichbild oder anderen Fehlern helfen. Das Maschinenhandbuch bietet die beste Übersicht über die eigene Nähmaschine – viel besser als es jede Fachliteratur kann. Interessant ist insbesondere für fortgeschrittene Näherinnen das Kapitel „Zubehör oder Sonderzubehör", in dem erklärt wird, wie die Nähmaschine für vereinfachte Nähtechniken oder Spezialtechniken aufgerüstet werden kann, mit denen ganz neue Effekte entstehen.

WEBWARE NÄHEN MIT DER NÄHMASCHINE

Zum Nähen der Modelle dieses Buchs reicht eine mechanische Nähmaschine mit den Grundfunktionen Geradstich (Steppstich) und Zickzackstich in verstellbaren Stichlängen bzw. -breiten aus. Dazu sollte die Nähmaschine über eine Knopflochfunktion mit passendem Nähfuß verfügen. Ein Freiarm ist praktisch zum Säumen von Ärmeln und Hosenbeinen, aber kein Muss. Neben dem Standard-Geradstich-Nähfuß empfiehlt sich ein Rollsaum-Nähfuß zum Säumen von feinen Stoffen sowie ein Reißverschluss-Fuß zum Einnähen der Reißverschlüsse in die aufwendigeren Modelle.

Der Geradstich

Der Geradstich (Steppstich) ist der Standardstich fürs Nähen von Webware. Mit diesem Stich lassen sich die meisten Näharbeiten wie etwa Zusammennähen, Säumen, Einnähen von Reißverschlüssen, Nähen von Abnähern, Absteppen und vieles mehr ausführen. Wird in den Modell-Anleitungen von „steppen oder absteppen" gesprochen, ist das Nähen mit dem Geradstich gemeint.
Ein Geradstich kann in unterschiedlicher Stichlänge genäht werden. Je länger der Stich, desto lockerer die Naht. Bei maximaler Stichlänge können zwei Schnittteile geheftet werden, um sie später leichter zusammenzunähen, oder Stoff gekräuselt werden. Je kürzer der Stich, desto fester die Naht. Für die meisten Modelle in diesem Buch bietet sich eine Stichlänge von 2,5 mm an. Viele Nähmaschinen sind bereits auf diese Stichlänge voreingestellt. Der Nahtanfang und das -ende sollten mit 3 bis 4 Vor- und Rückstichen gesichert bzw. vernäht werden, damit die Naht nicht aufgeht.

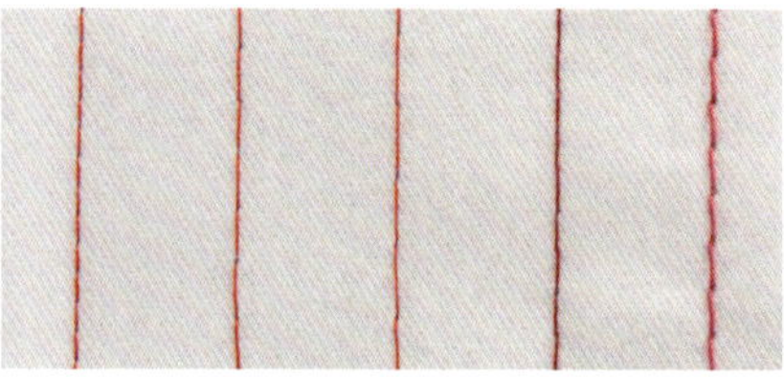

Geradstich in verschiedenen Längen mit unterschiedlichen Garnen

Der Zickzackstich

Der Zickzackstich ist der zweite wichtige Standardstich beim Nähen von Webware. Mit diesem Stich lassen sich Stoffkanten versäubern, Elastikbänder zum Kräuseln von Stoffen übernähen, dekorative Zierstiche nähen und applizieren.
Der Zickzackstich ist nicht nur in seiner Stichlänge verstellbar, sondern auch in seiner Stichbreite. Dadurch kann er ganz unterschiedlich eingesetzt werden. Es bietet sich an, eine Nähprobe mit unterschiedlichen Einstellungen zu nähen. Für die Versäuberung von Kanten sollte man eine Stichlänge und Stichbreite von 4 mm wählen.

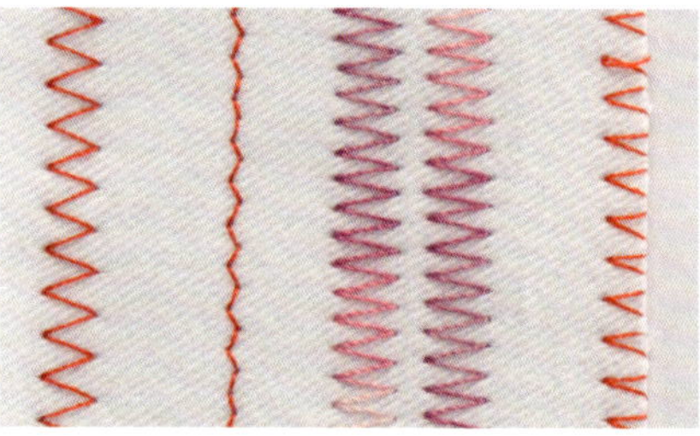

Zickzackstich in unterschiedlichen Breiten und Längen mit verschiedenen Garnen. Ganz rechts: Zickzackstich zum Versäubern über die Stoffkante genäht

Weitere Stiche

Mit zunehmender Nähpraxis können für ein noch professionelleres Erscheinungsbild weitere Stiche und zusätzliches Zubehör in das eigene Repertoire aufgenommen werden. Viele Nähmaschinen bieten einen Blindstich zum nahezu unsichtbaren Säumen oder einen Überwendlingsstich für noch professionelleres Versäubern an. Auch hier hilft wieder ein Blick in das Maschinenhandbuch und der Mut, neue Techniken zu testen.

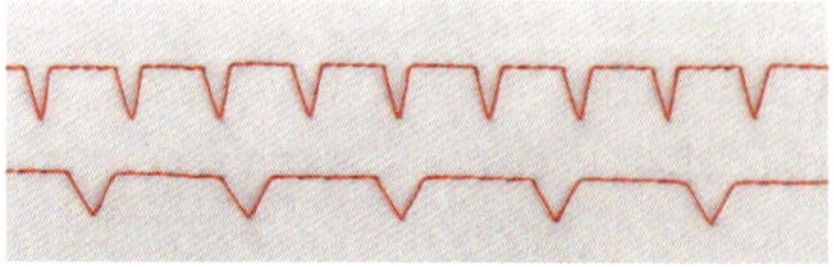

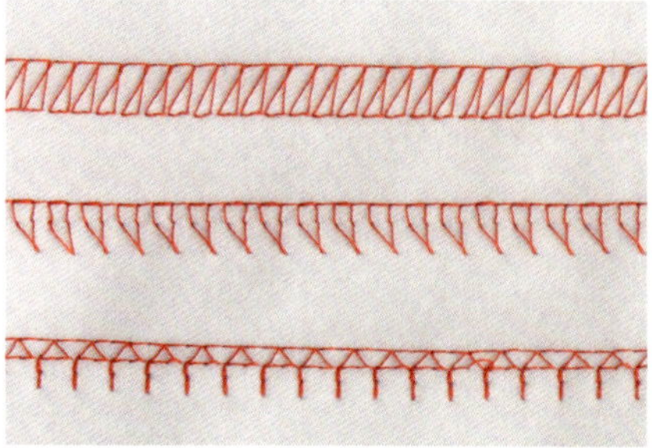

Blindstich in unterschiedlicher Stichlänge und -breite sowie Überwendlingsstich in verschiedenen Varianten

Nähmaschinennadeln

Der Handel bietet Nähmaschinennadeln in zahlreichen, ganz unterschiedlichen Ausführungen. Sie unterscheiden sich durch ihre Stärke, Form, Spitze und die Größe des Nadelöhrs. Wichtig für ein sauberes Stichbild ohne Fehlstiche, Stoffschäden und Garnrisse ist es, die richtige Nadel zu verwenden – in einem tadellosen Zustand. Stumpfe, verbogene oder anderweitig beschädigte Nadeln müssen ausgetauscht werden. Für fast jedes Nähprojekt gibt es eine Spezialnadel. Für die Modelle in diesem Buch genügen im Wesentlichen Universalnadeln:

Die **Universalnadel** kann man als Standardnadel für fast alle Modelle einsetzen. Man bekommt sie in unterschiedlichen Nadelstärken. In vielen Standard-Packungen sind Nadelstärken von 70 bis 90 enthalten, womit man zunächst gut bedient ist.
Für feinere Stoffe wie z.B. Viskose, Batist oder Voile sollten Nadelstärken von 60 bis 70 verwendet werden. Mittelschwere Stoffqualitäten wie z.B. Gabardine, Leinen, Popeline oder Köper können mit einer Nadelstärke von 80 bis 90 genäht werden. Schwere Stoffe wie etwa Canvas, Jeans oder feste Taschenstoffe sollten mit Nadelstärken von 100 bis 120 genäht werden.
Folgende Nähmaschinennadeln können die Universalnadel ergänzen:
Die sehr feinen und spitzen **Microtexnadeln** können insbesondere bei feinen Stoffen wie Seide oder Satin gut eingesetzt werden.

Spezielle **Jeansnadeln** sind sehr stark und strapazierfähig und lassen sich gut bei sehr schweren Stoffen einsetzen. Auch zum Nähen von Taschen eignen sie sich oft. Besonders dicke Stofflagen sollten Stich für Stich eventuell mit Handrand genäht werden.

WEBWARE NÄHEN MIT DER OVERLOCK-MASCHINE

Die Overlock-Maschine ist eine tolle Ergänzung zur Nähmaschine und liefert besonders professionelle Nähergebnisse. Denn sie näht in einem Arbeitsgang mehrere Stofflagen zusammen, schneidet die Kante ab und versäubert sie gleichzeitig.

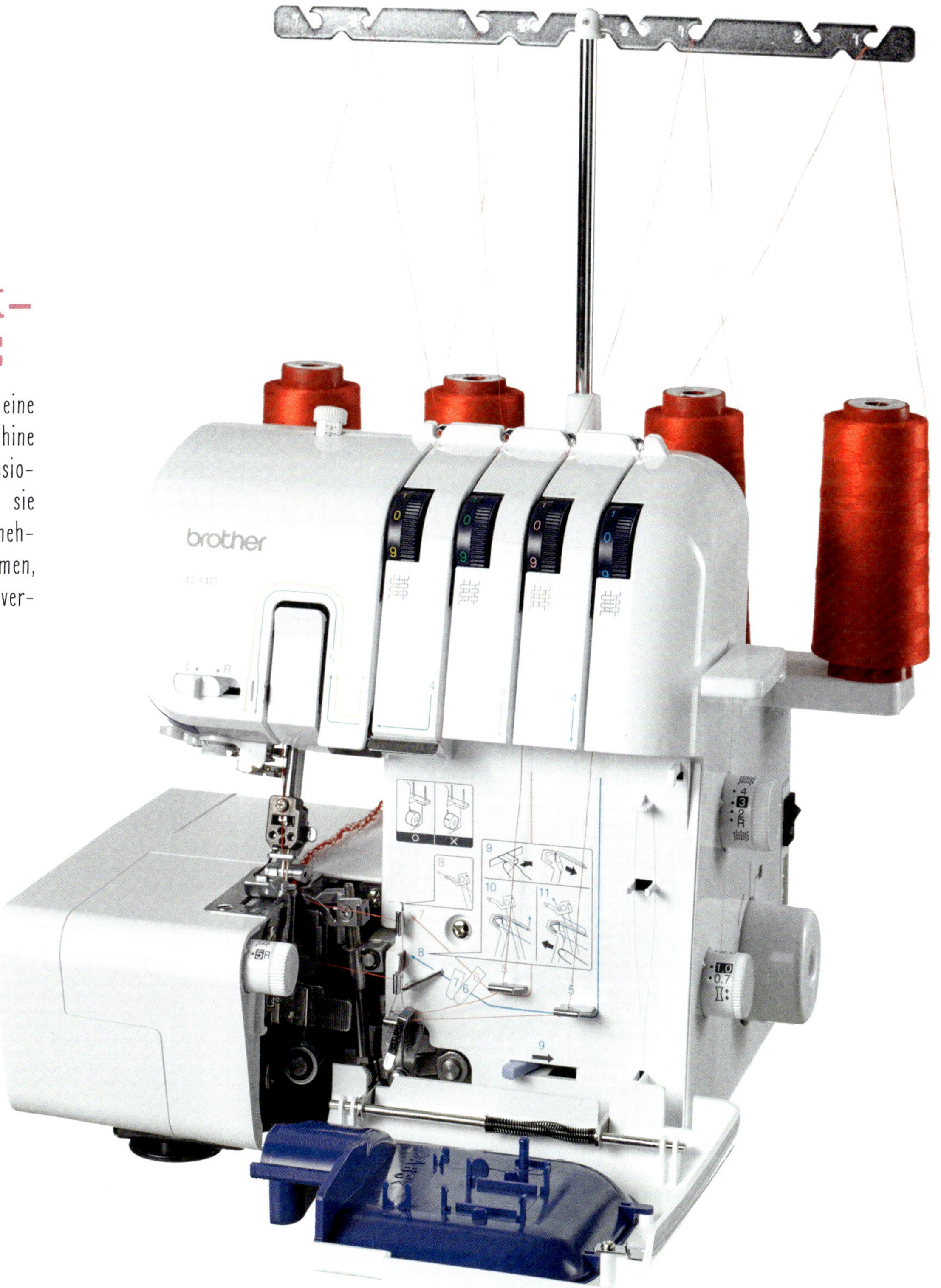

Die Overlock-Maschine bedeutet eine große Arbeitserleichterung, und viele Hobbynäherinnen sind begeistert von dem gleichmäßigen, sauberen, professionellen Stichbild. Die Overlock ersetzt jedoch keine Nähmaschine, da mit ihr in erster Linie Stofflagen zusammengenäht werden, aber keine Knopflöcher oder Reißverschlüsse genäht werden können.

Außerdem kann man mit der Overlock nicht von rechts absteppen oder ganz präzise Ecken nähen. Die Nähte der Overlock-Maschine ersetzen den Überwendlingsstich der Nähmaschine und perfektionieren ihn, indem gleichzeitig vorher die Kante sauber abgeschnitten wird. Durch den Differentialtransport werden auch leichte Stoffe gleichmäßig transportiert und verziehen sich beim Nähen nicht.

Typischerweise wird eine Overlock-Naht mit 3 oder 4 Fäden gleichzeitig genäht. Sie dient nicht nur dem Zusammennähen von mehreren Stofflagen, sondern kann insbesondere auch zum Versäubern von Stoffkanten eingesetzt werden.

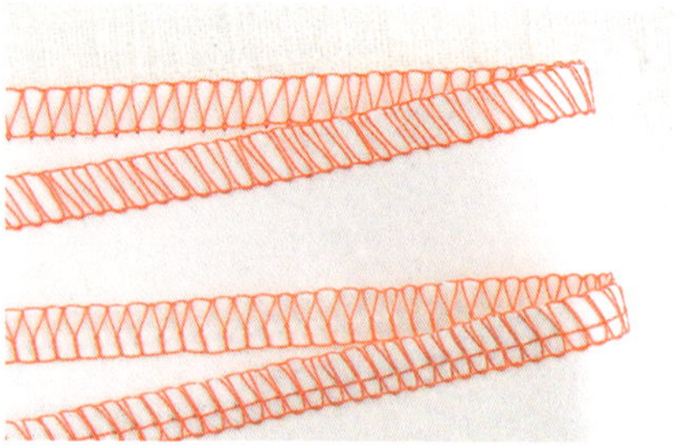

Wie die Overlock-Maschine beim Nähen von Webware eingesetzt wird, hängt ein wenig ab vom Modell, von den benötigten Nähten, den verwendeten Stoffen und den individuellen Gepflogenheiten.
Alle Nähte, bei denen die Nahtzugabe zum sauberen Wenden eingekürzt werden muss, wie z.B. bei Belegen am Halsausschnitt oder anderen Rundungen, die ausgeformt werden müssen, sollte man nicht mit der Overlock-Maschine nähen, sondern die Nähmaschine verwenden.

Grundsätzliches

Es gibt drei Herangehensweisen für Seitennähte, Ansatznähte, Ärmelnähte und Schulternähte:

1 | Alle Schnittteile werden einzeln mit der Overlock-Maschine versäubert und anschließend mit der Nähmaschine zusammengesteppt, wobei die Nahtzugabe nach jedem Arbeitsschritt jeweils rechts und links nach außen gebügelt wird.

2 | Alle Schnittteile werden mit der Nähmaschine zusammengesteppt und anschließend wird die Nahtzugabe aller Stofflagen zusammen mit der Overlock versäubert und zu einer Seite gebügelt.

3 | Alle Nähte werden von vorneherein nur in einem Arbeitsschritt mit der Overlock-Maschine zusammengenäht und die Nahtzugabe anschließend zu einer Seite gebügelt. Die Nähmaschine sichert die Nähte nicht zusätzlich.

Bei den meisten Modellen in diesem Buch kann das dritte Verfahren durchaus zum Einsatz kommen, wenn es auch am „unprofessionellsten" ist. Am professionellsten ist eine Mischung aus der ersten und der zweiten Herangehensweise.
Mit zunehmender Nähpraxis entwickelt jede Näherin ihre eigene Routine und Vorliebe, wie die Innenseite ihres Kleidungsstücks aussehen soll. Wichtig ist in jedem Fall, bereits beim Zuschnitt zu berücksichtigen, welche Variante man nähen möchte, da die Nahtzugabe eventuell unterschiedlich ausfällt.

STOFFE

WEBWARE GLEICH BAUMWOLLE?

In diesem Buch werden Modelle aus Webware genäht. Im Sprachgebrauch wird Webware oft mit dem Begriff „Baumwolle" gleichgesetzt und in Stoffläden wird gerne nach „schönen Baumwollstoffen" für Blusen und Kleider gefragt. Baumwolle ist jedoch nicht gleich Webware!

Webware ist die Bezeichnung für Stoffe, deren Herstellungsverfahren das sogenannte Weben ist. Beim Weben werden mindestens zwei Fäden miteinander verkreuzt, wobei es hier unterschiedliche Verfahren und Bindungen gibt. Webware kann, muss aber nicht, aus Baumwolle hergestellt werden. Sie kann genauso gut aus Synthetikfasern gefertigt sein. Charakteristisch für Webware ist, dass sie nicht dehnbar ist. Aber auch hier bestätigt die Ausnahme die Regel, wenn der Webware bei der Herstellung Elasthan beigemischt wurde.
Baumwolle hingegen bezeichnet eine Faser, aus der ein Stoff hergestellt wird. Baumwolle kann zu Webware verarbeitet werden, muss es jedoch nicht. Aus Baumwolle können auch Wirk- bzw. Maschenware wie Jersey, Sweat oder andere dehnbare Stoffe gemacht werden, die nicht gewebt, sondern gestrickt bzw. gewirkt sind.
Webware mit Baumwolle gleichzusetzen ist also per Definition falsch. Jede Stoffhändlerin wird dich jedoch verstehen, wenn du nach „schönen Baumwollstoffen" für dein Nähprojekt fragst.

GRUNDLEGENDES ZU WEBWARE

Im Handel wird eine riesige Auswahl an Stoffen angeboten, mit unterschiedlichsten Bezeichnungen, die besonders Hobbynäherinnen oftmals verwirren. Stoffe können nach ihren Bindungen bezeichnet werden (z. B. Köper, Panama etc), nach ihren Fasern (z. B. Baumwolle, Seide, Viskose, Modal) oder nach ihren Einsatzgebieten (z. B. Blusenstoff, Mantelstoff) oder sie tragen feste Namen (z. B. Batist, Voile, Popeline).
Besonders verwirrend wird es dadurch, dass eine Bindung aus verschiedenen Fasern gewebt werden kann, und die Fasern ihrerseits zu verschiedenen Bindungen verarbeitet werden können. Wird ein Stoff im Online-Shop als „Blusenstoff" bezeichnet, stellt sich die Frage, ob er für steife Hemden oder luftig leichte Tuniken gedacht ist – eine Griffprobe ist hier nicht möglich. Die Theorie der Stoff- und Textilkunde füllt ganze Bücher. Wer regelmäßig näht, dem empfehle ich, sich ein gutes Nachschlagewerk zuzulegen. Grundlegend unterscheidet man zwischen den Bindungen und den Fasern.

Fasern

Fasern bilden die Grundlage aller Stoffe, sie werden zu Garnen verarbeitet, die wiederum zu Stoffen gewebt werden. Grundsätzlich unterscheidet man zwischen Natur- und Kunstfasern.

NATURFASERN

Naturfasern werden eingeteilt in einen pflanzlichen (z. B. Baumwolle oder Leinen) und einen tierischen Ursprung (z. B. Seide oder Wolle).
Naturfasern bieten einen angenehmen Tragekomfort, da sie atmungsaktiv sind; sie sind sehr saugfähig, antistatisch, lassen sich gut färben, knittern jedoch leicht.

KUNSTFASERN

Kunstfasern werden in Synthetikfasern (Polyester, Polyamid, Elasthan) und Zellulosefasern (Viskose, Modal) unterschieden.
Kunstfasern wurden entwickelt, um die Eigenschaften von Naturfasern zu optimieren. Viele sind besonders pflegeleicht, knitterarm, formstabil, haben einen besonders schönen Fall oder Glanz. Nachteilig kann je nach Faser fehlende Atmungsaktivität oder statische Aufladung sein.

Bindungen

Die unterschiedlichen Bindungen entstehen durch die unterschiedliche Verkreuzung von Kett- (Längsrichtung des Stoffes) und Schussfaden (Querrichtung des Stoffes). Die Fadendichte und die Garnstärke, und wie dicht oder locker ein Stoff gewebt ist, bestimmen dabei das Stoffgewicht. Die drei wichtigsten Bindungen sind:

LEINWANDBINDUNG

- Gängigste Bindung, da sie am leichtesten herzustellen ist
- alle Fäden sind miteinander abwechselnd verkreuzt
- Vorder- und Rückseite des Stoffes sehen nahezu gleich aus
- Beispiele für Leinwandbindung: Batist, Flanell, Nessel, Voile, Chiffon, Leinen, Musselin, Taft, Popeline, Vichykaro, Georgette, Gaze
- eine Sonderform ist die Panamabindung, bei der Schuss- und Kettfaden bündelweise verkreuzt werden (z. B. Canvas, Panama)

KÖPERBINDUNG

- Charakteristisch für die Köperbindung ist die diagonal verlaufende Stoffstruktur
- beim Verkreuzen der Fäden werden Schuss- und Kettfaden gleichmäßig versetzt
- Beispiele für Köperbindung: Chino, Gabardine, Denim (Jeans), Twill
- sehr strapazierfähig, fällt weich und fließender als Leinwandbindung

ATLASBINDUNG

- Charakteristisch ist die glatte, glänzende Struktur der Oberfläche
- beim Verkreuzen der Fäden verläuft jeder Schussfaden über 4 Kettfäden
- Beispiele für Atlasbindung: Satin, daher auch Satinbindung genannt
- sehr dichtes Gewebe, die Oberseite schimmert oder glänzt, die Rückseite ist matt; der Fall ist weich, wenn feine Fäden verwebt werden, ansonsten kann das Gewebe sich steif anfühlen

STOFFARTEN

Batist

Batist (hier mit Stickerei abgebildet) ist ein leichter, feiner Stoff mit gleichmäßiger Oberfläche, die durch die oft verwendeten mercerisierten Garne leicht glänzt. Er wird in

Leinwandbindung meist aus Baumwolle gewebt. Batist ist luft- und lichtdurchlässig und eignet sich besonders für sommerliche Blusen. Der Stoff lässt sich leicht vernähen, er ist jedoch knitteranfällig.

Canvas

Canvas ist ein schwerer, fester, oft etwas steifer Stoff mit ausgeprägter, gleichmäßiger Struktur. Er ist robust und strapazierfähig und wird ähnlich wie Jeans eingesetzt. Can-

vas ist leicht zu verarbeiten. Er eignet sich für Freizeithosen und -jacken, robuste Arbeitskleidung und Taschen.

Chambray

Die Chambray-Optik entsteht durch die Überkreuzung von weißen und farbigen Fäden beim Weben. Da Chambray oft in Blautönen gewebt wird, erinnert der Stoff ein

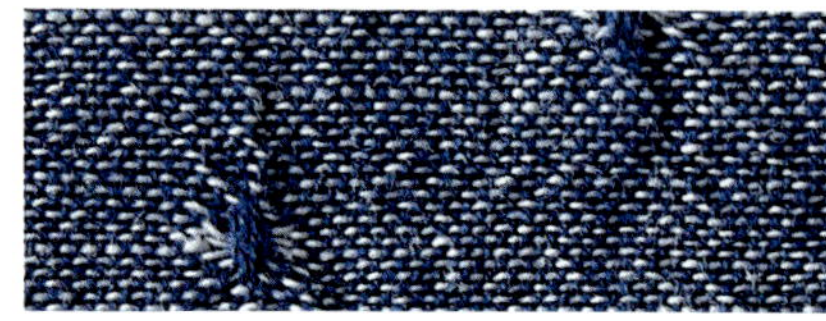

wenig an einen leichten Jeansstoff. Chambray ist meist aus Baumwolle, kann aber auch aus Synthetikfasern bestehen. Der Stoff lässt sich leicht vernähen, ist blickdicht, hat einen weichen Fall und eignet sich gut für legere Hemden und Blusen, aber auch für Röcke und Kleider sowie für sommerliche Hosen.

Chiffon

Chiffon ist ein hauchzarter, durchscheinender Stoff in lockerer Leinwandbindung. Der sehr leichte Stoff hat einen weichen Fall. Kleidungsstücke aus Chiffon werden auf-

grund ihrer Transparenz mit Top oder Unterkleid getragen. Durch die lockere Bindung ist der Stoff empfindlich, und es kann zu Fadenverschiebungen kommen oder die Nähte können ausreißen. Daher sollten lieber weite, wenig strapazierte Kleidung wie luftige Tuniken, Blusen oder Tücher daraus genäht werden. Chiffon ist nicht ganz leicht zu verarbeiten.

Chino (Twill, Köper)

Chino ist ein fester Stoff meist aus Baumwolle in Köperbindung, wodurch er seine diagonal verlaufende Stoffstruktur erhält. Er

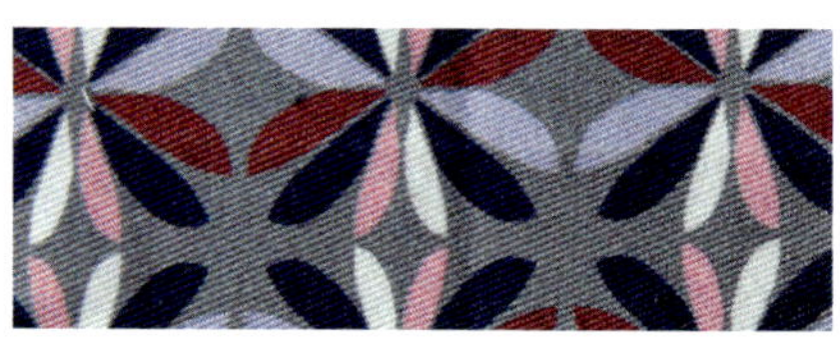

hat eine glatte, gleichmäßige Oberfläche und ist robust und strapazierfähig. Chino ähnelt Gabardine, wobei er nicht so fest gewebt wurde und eine etwas gröbere Struktur hat. Er eignet sich daher gut für legerere Hosen wie die typischen Chinos oder Bermuda-Shorts, aber auch für Röcke. Der Stoff lässt sich leicht verarbeiten. Chino wird oftmals auch als Twill oder Köper bezeichnet.

Cord

Cord ist ein samtartiger Stoff mit geripptem Flor. Er hat einen weichen Griff. Seine Oberfläche changiert und zeigt eine Strichrichtung, die beim Zuschnitt beachtet werden

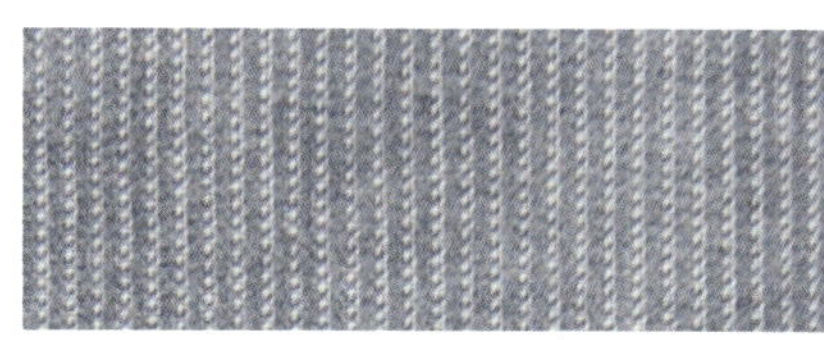

muss. Cord kann gut für Hosen, Röcke oder Jacken verwendet werden, der Flor neigt jedoch zur Abnutzung an strapazierten Stellen. Cord kann aus Baumwolle hergestellt werden, oft werden jedoch auch Synthetikfasern beigemischt. Er lässt sich leicht vernähen.

Crêpe de Chine

Crêpe de Chine ist ein weicher, sehr schön fließender, blickdichter Stoff, der ähnlich wie Crêpe Georgette eine mehr oder weniger leicht körnig gekreppte Oberfläche besitzt. Er

hat einen leichten Schimmer, wodurch er sich besonders für feine Blusen oder Kleider eignet. Crêpe de Chine ist sehr rutschig und nicht ganz leicht zu verarbeiten. Er wird entweder aus Seide oder Polyester bzw. einem Polyester-Viskose-Gemisch hergestellt.

Denim/Jeans

Jeans ist aus unserem Alltag nicht mehr wegzudenken. Der Stoff wird in Köperbindung hergestellt und erhält dadurch seine diagonal verlaufende Struktur. Jeans ist ro-

bust und strapazierfähig. Er eignet sich für Hosen und Röcke, bei leichtem Stoffgewicht auch für Hemden oder Kleider. Jeans wird meist aus Baumwolle hergestellt, für einen Stretchjeans kann jedoch auch Elasthan beigemischt werden. Der Stoff lässt sich leicht verarbeiten, ist jedoch bei mehreren Lagen für manche Nähmaschinen problematisch zu nähen. Zum Nähen sollte immer eine Jeansnadel verwendet werden.

Flanell

Flanell wird leicht gefilzt bzw. geschmirgelt und erhält dadurch seinen weichen, warmen Griff. Er ist als Woll- oder Baumwollflanell im Handel. Während sich Ober- und Unterseite

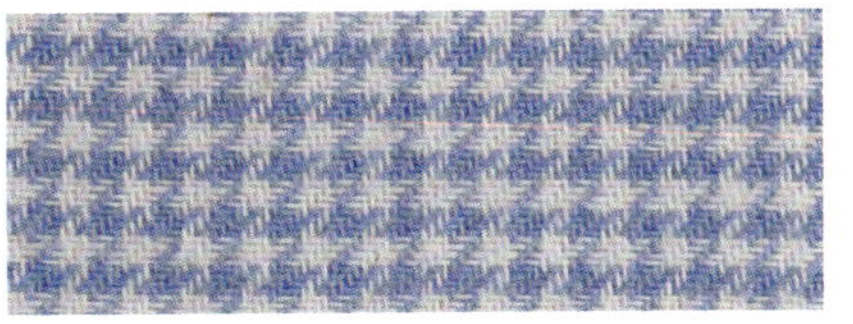

des höherwertigen Wollflanells meist gleichen, ist der Baumwollflanell oft nur einseitig bearbeitet, dünner und preiswerter. Wollflanell lässt sich zu Anzügen oder Kostümen verarbeiten, Baumwollflanell passt für Hemden oder warme Schlafanzüge. Sowohl Woll- als auch Baumwollflanell werden bisweilen Synthetikfasern beigemischt. Der Stoff lässt sich leicht vernähen.

Gabardine

Gabardine ist ein sehr dicht gewebter Stoff in Köperbindung. Wie Chino hat auch er eine diagonale Stoffstruktur, sie ist jedoch weniger ausgeprägt. Gabardine ist schwerer und

höherwertiger als Chino, sehr strapazierfähig, hat eine hohe Knitterresistenz und eignet sich sehr gut für Anzüge und Kostüme oder Kleider. Hergestellt wird der Stoff aus Wolle, Baumwolle oder Polyester-Viskose-Gemischen, er lässt sich leicht vernähen. Beim Bügeln sollte jedoch ein Bügeltuch aufgelegt werden, um Glanzstellen durch das Bügeleisen zu vermeiden.

Georgette/Crêpe Georgette

Georgette, ein sehr leichter, feiner Stoff, scheint ähnlich wie Chiffon durch und wird mit Unterkleid oder Top getragen. Die Ober-

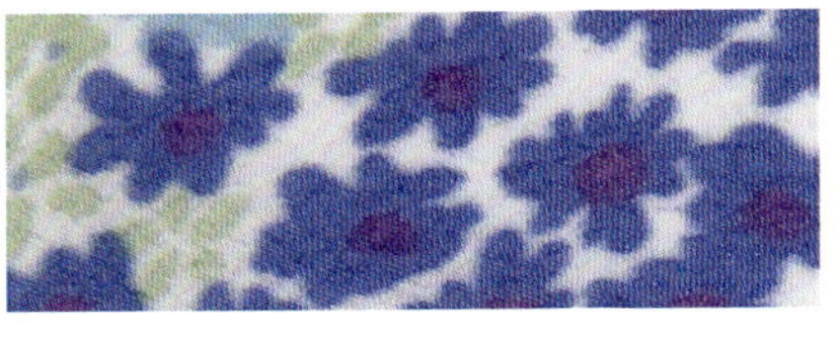

fläche ist leicht körnig gekreppt. Durch seinen fließenden, weichen Fall ist Georgette ideal für figurumspielende elegante Kleidungsstücke wie Blusen und Kleider. Die Verarbeitung dieses empfindlichen Stoffs ist nicht ganz einfach, da es zu Fadenverschiebungen kommen kann und Nähte leicht ausreißen.

Leinen

Leinen wird aus Flachsfasern mit unregelmäßiger Struktur gewebt, wodurch der Stoff sein typisches Aussehen erhält. Er ist sehr robust und kann sehr heiß gewaschen, ge-

bleicht oder gestarkt werden. Leinen ist jedoch extrem knitteranfällig, das sollte beim Entwurf des Kleidungsstücks berücksichtigt werden. Leinen fühlt sich kühl auf der Haus an und eignet sich gut als Frühjahrs- oder Sommerstoff für Blusen, leichte Hose, Kleider oder Röcke. Durch Waschen wird der Stoff weicher und verliert etwas an Steife. Der Stoff fällt auch etwas fließender, wenn er im diagonalen Fadenlauf zugeschnitten wird. Leinen ist leicht zu vernähen.

Musselin/ Double Gauze

Musselin ist ein locker gewebter Stoff in Leinwandbindung. Er fällt luftig leicht und hat einen typischen Crinkel-Look, der sich durch Waschen verstärkt. Der Stoff ist zwei-

lagig und punktuell miteinander verwoben. Auf diese Weise wird der sonst sehr leichte Stoff viel robuster und blickdichter und eignet sich auch für Kleidung. Musselin und Double Gauze werden trotz ihrer unterschiedlichen Herkunft wegen ihrer Eigenschaften und Herstellung oft gleichgesetzt. Der klassische Double Gauze ist jedoch meist noch feiner und zieht sich beim Nähen nicht ganz so stark zusammen.

Die Stoffe eignen sich für luftige Sommerblusen oder Tuniken. Sie sind leicht zu verarbeiten, neigen jedoch mitunter dazu, dass die Nähte ausreißen und der Stoff sich verzieht. Musselin sollte unbedingt vorgewaschen und in diesem ungebügelten Zustand verarbeitet werden, da sich der Stoff beim Waschen stark zusammenzieht.

Nessel

Nesselstoff ist ein meist ungebleichter Baumwollstoff mit gleichmäßiger Oberfläche, der sehr leicht zu verarbeiten ist. Er ist sehr preisgünstig und wird für Probeteile eingesetzt.

Oilskin

Oilskin bedeutet übersetzt Ölzeug. Dieser Stoff wird mit einem Veredlungsverfahren behandelt, um ihn wasserabweisend, winddicht und regenfest zu machen. Durch Ölen oder Wachsen bekommt der Stoff einen fes-

ten, steifen Griff und eignet sich daher nicht nur sehr gut für Jacken und Mäntel, sondern vor allem für Taschen. Der sogenannte Dry Oilskin hat eine matte Oberfläche und erhält mit der Zeit Knitterfalten für einen Used-Look.

Plissee

Plissee ist das Ergebnis eines Veredlungsverfahrens: des Plissierens von leichten Polyestergeweben. Durch Hitze und Druck wird der

Stoff in gleichmäßige Falten oder unregelmäßig gecrashte Oberflächen gepresst und hält diese Form auch bei. Er sollte jedoch nicht zu heiß gewaschen und gebügelt werden. Der sehr dünne und leichte Polyesterstoff erhält durch das Plissieren Volumen und einen höherwertigeren, individuellen Charakter. Der Stoff ist sehr rutschig und nicht leicht zu verarbeiten. Plissee eignet sich für Röcke. Da er nicht franst, muss man ihn nicht unbedingt säumen. Polyester kann sich statisch aufladen und klebt an den Beinen, außerdem schwitzt man leicht darin.

Popeline

Popeline ist ein blickdichter Stoff in Leinwandbindung mit leicht steifen Griff, er ist in leichten bis mittelschweren Qualitäten er-

hältlich und deshalb vielseitig einsetzbar: für Hemden, Blusen, Kleider, Jacken, Hosen oder Röcke. Der Stoff hat eine ganz leichte Querrippenstruktur und ist knitteranfällig. Popeline kann aus reiner Baumwolle gearbeitet sein, es sind jedoch auch Stoffe mit Polyester erhältlich. Der Stoff lässt sich leicht verarbeiten.

Samt

Samt ist ein sehr edler Stoff mit einem weichen, dichten Flor in Leinwand- oder Köperbindung. Für die Herstellung können Wolle,

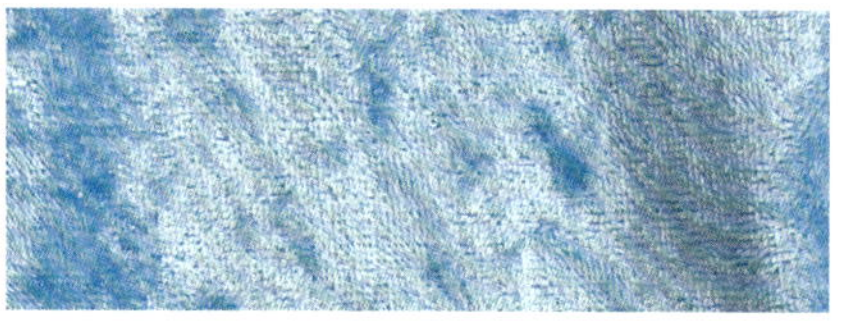

Baumwolle, Seide oder Synthetikfasern verwendet werden. Das Vernähen des Stoffes ist leicht, allerdings muss beim Zuschneiden die Strichrichtung beachtet werden. Und das Bügeln der Nähte ist schwierig, da der Samt dabei flach gedrückt wird. Samt eignet sich für elegante Blazer oder Mäntel. Der Stoff sollte nicht geknickt, sondern gerollt oder hängend gelagert werden.

Satin

Satin ist ein feiner, dichtgewebter Stoff. Er hat eine seidig glänzende glatte Oberfläche, die Rückseite ist eher matt. Der Stoff hat einen sehr schönen Fall und eignet sich daher besonders gut für elegante Kleider und Blusen, aber auch für Dessous. Satin kann aus Seide oder Viskose und Polyester hergestellt werden. Der Stoff ist sehr empfindlich, Wasser hinterlässt meist sofort Flecken. Satin verrutscht leicht beim Nähen, aufgetrennte Nähte hinterlassen Einstichstellen im Stoff.

Tweed

Tweed ist die Bezeichnung für eine Reihe von Wollstoffen, die in Köperbindung und manchmal auch in Leinwandbindung aus melierten oft leicht noppigen Garnen hergestellt werden. Er kann gröbere Wollstrukturen haben, aber auch feinere Texturen, die Oberfläche ist eher rau und kann auf der Haut kratzen. Tweed wird oft meliert, aber auch mit klassischen Mustern wie Hahnentritt, Pepita oder Fischgrät sowie dem typischen Schottenkaro angeboten. Der Stoff lässt sich leicht verarbeiten. Tweed kann aus reiner Wolle oder Wolle-Synthetik (Polyester, Acryl, Viskose)-Gemischen hergestellt werden. Er eignet sich für Blazer, Sakkos, Jacken, Mäntel, Hosen, Röcke oder Westen. Der Stoff lässt sich leicht vernähen, er neigt jedoch dazu, stark zu fransen, und verzieht sich leicht.

Viskose

Viskose ist zunächst nur eine Kunstfaser aus Zellulose, die sowohl gestrickt als auch gewebt werden kann. Gewebte Viskosestoffe haben einen sehr schönen Fall und einen leichten Glanz, sie sind blickdicht und relativ pflegeleicht. Viskose ist rutschig und daher nicht leicht zu vernähen. Sie eignet sich aber bestens für fließende, leichte Blusen, Kleider oder Röcke. Viskoseblusen eignen sich besonders für die Reise, da sie sich nur mit Wasserdampf (z. B. aus der Dusche) glätten.

Voile

Voile ist ein sehr feiner, leichter und halbtransparenter Stoff. Er hat einen weichen Griff, einen schönen Fall und eignet sich besonders für Blusen oder Kleider, auch mit Kräuselungen und Raffungen. Er hat ähnliche Eigenschaften wie Batist, ist jedoch meist etwas teurer. Voile lässt sich leicht verarbeiten, die Nähte reißen jedoch leicht aus, es kann zu Fadenverschiebungen kommen.

Walk

Walkstoff ist ein Wollgewebe, das sehr dicht in Leinwand- oder Köperbindung gewebt wird. Durch das anschließende Walken, bei dem der Stoff in nassem Zustand geschlagen und geknetet wird, verfilzen die Wollfasern und schrumpfen. Dadurch wird der Stoff sehr fest und robust. Er ist wasserabweisend, winddicht und wärmend und eignet sich daher besonders für Jacken und Mäntel. Walk ist leicht zu verarbeiten und franst nicht aus, er kann daher sogar offenkantig verarbeitet werden. Es gibt auch Walkstoffe, die nicht gewebt, sondern gestrickt sind.

STOFFAUSWAHL

Um die richtige Stoffauswahl zu treffen, sollte man sich im Vorfeld ein genaues Bild von seinem Kleidungsstück machen. Möchte man eine zartfließende Bluse oder eher eine mit Stand im Hemdenstil? Soll das Kleid ein luftiges, schwingendes Sommerkleid sein oder ein Etuikleid für besondere Anlässe? Je konkreter die Vorstellungen sind, desto leichter lässt sich die Stoffwahl eingrenzen.

Am einfachsten ist es, in ein Stoffgeschäft zu gehen und die Stoffe zu befühlen, ein Stück vom Ballen zu rollen und seinen Fall zu betrachten. Da viele Näherinnen heutzutage ihre Stoffe online einkaufen, entfällt diese Möglichkeit. Umso wichtiger ist es, sich ein wenig mit den gängigen Stoffen vertraut zu machen. Man sollte die Eigenschaften eines jeden Stoffes kennen, denn Kleidungsstücke können je nach verwendetem Stoff eine ganz andere Wirkung haben: eine Hemdbluse, die aus fließendem Stoff genäht wurde, hat keinen Hemdencharakter mehr. Eine luftige Strand-Tunika, die für durchscheinenden fließenden Stoff gedacht war, wirkt aus steifer Popeline plötzlich wie ein Sack.

Die richtige Stoffwahl ist also maßgeblich für das Gelingen eines Kleidungsstücks. Ein Anhaltspunkt ist die Grammatur des Stoffes, d. h. das Stoffgewicht bezogen auf den Quadratmeter oder laufenden Meter. Dabei ist unbedingt zu beachten, worauf sich das Gewicht bezieht und Quadratmeter nicht mit laufendem Meter vergleichen!

Je niedriger das Stoffgewicht, desto dünner, leichter oder transparenter ist der Stoff, je höher das Stoffgewicht, desto dicker und fester ist der Stoff.

Weiterhin sollte die Verarbeitungsweise des Stoffs in Betracht gezogen werden. Leichte Sommerblusen aus Viskose oder Satin sind schwierig zu vernähen, da sie sich leicht verziehen. Manch ein Nähanfänger hat dabei schon die Freude am Nähen verloren, hier können vielleicht leichter zu verarbeitende Stoffe wie Voile oder Batist verwendet werden.

Um ein Verständnis für Stoffe und ihre Verwendung zu bekommen, ist es eine gute Übung, in ein Bekleidungsgeschäft zu gehen und Kleidungsstücke und ihre verwendeten Stoffe genauer zu untersuchen. Sich ein Bild davon zu machen, weshalb welches Kleidungsstück wie wirkt und wie sich die Stoffe anfühlen, kann das Verständnis für Stoffe vertiefen. Ein Blick auf das Etikett und die Stoffzusammensetzung hilft, sich darüber klar zu werden, welche Stoffe für welche Kleidungsstücke verwendet werden, und vor allem auch, was einem selbst gefällt und was nicht.

Eine weitere gute Übung ist es natürlich, im Stoffladen vor Ort die Stoffe anzufassen und sich selbst eine Mustermappe von verschiedenen Stoffarten anzulegen.

EINLAGEN

Einlagen sind im Handel unter dem Markennamen Vlieseline erhältlich und dienen der Stabilität und Form von Bekleidungsteilen und Taschen. Es gibt eine große Anzahl unterschiedlichster Einlagen für die verschiedensten Anwendungsbereiche, dabei lassen sich häufig mehrere verschiedene Vliese zum Verstärken von Stoffen verwenden – ganz nach den individuellen Vorlieben der Näherin. Es lohnt sich, hier ein wenig zu probieren, um seine bevorzugten Einlagen herauszufinden. Einen Rückschluss auf die Festigkeit der Einlage liefert das Stoffgewicht der Einlage.
Die Einlagen werden oftmals in Schwarz und Weiß angeboten und können entsprechend der Stofffarbe ausgesucht werden. Es empfiehlt sich, immer eine leichtere Einlage als den verwendeten Stoff zu wählen.
Vor der Verarbeitung sollte man stets an Stoffresten Anwendungstests durchführen. Lieber eine Einlage mit zu wenig als mit zu viel Stand wählen. Im Folgenden dient eine Übersicht über die gängigsten Einlagen als Empfehlung für die Schnittmuster in diesem Buch.

ÜBERSICHT DER EINLAGEN

H 180: Leichte Bügeleinlage zum Verstärken von Kleinteilen an Kleidungsstücken wie z. B. Knopfleisten, Kragen, Manschetten oder Belegen; für leichte Stoffe; aus Synthetikfasern.

H 200: Wie H 180 zu verwenden, gibt jedoch ein wenig mehr Stand, da sie ein höheres Stoffgewicht besitzt.

H 410: Mittelschwere Bügeleinlage, die auch für größere Teile wie Jacken- und Mantelvorderteile benutzt werden kann; mit stabilisierenden Fäden in Längsrichtung, um ein Ausleiern zu verhindern; für mittelschwere Stoffe; aus Synthetikfasern.

G 710: Mittelschwere Bügeleinlage für Kleinteile wie Kragen, Manschetten oder Belege; aus reiner Baumwolle, keine Synthetikfasern, nicht dehnbar.

S 320/S 520: Aufbügelbare Schabrackeneinlage zum Verstärken von Taschen. Für noch mehr Stabilität kann S 520 verwendet werden, hier kann es jedoch zu Schwierigkeiten beim Wenden der Tasche kommen. Der Stoff erhält durch das Aufbügeln von S 320/S 520 eine höhere Festigkeit und mehr Stand, er bekommt jedoch kein zusätzliches Volumen.

H 630/H 640: Für mehr Volumen kann z. B. ein Volumenvlies wie H 630 oder H 640 aufgebügelt werden.

Stickvlies (aufbügelbar oder zum Unterlegen und Ausreißen): Stickvlies eignet sich zum Nähen von Knopflöchern, wenn das Stickvlies später nicht sichtbar ist, also beispielsweise bei doppelt liegenden Stoffen, hier kann das Stickvlies zwischengelegt werden. Werden Knopflöcher in einlagige Stoffe genäht, kann z. B. auf wasserlösliches Vlies zurückgegriffen werden. Aufbügelbares Stickvlies eignet sich auch zum Verstärken von Ösen.

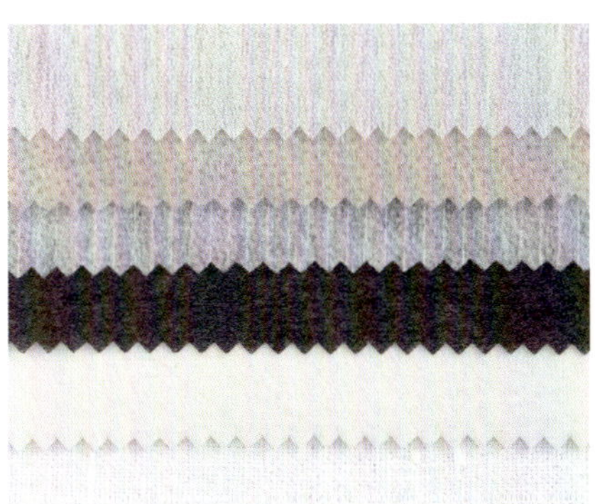

MIT VLIESELINE VERSTÄRKEN

Die vorgenannten Vlieseline-Produkte lassen sich alle aufbügeln. Sie haben eine gekörnte Oberseite, die sich durch Bügeln mit dem Stoff verbindet. Die gekörnte Oberseite wird auf die linke Seite des Stoffes gelegt und gemäß Bügelanleitung aufgebügelt. Sicherheitshalber immer eine Probe an einem Reststück Stoff vornehmen.

MEIN TIPP: Es gibt eine Vielzahl von Vlieseline-Produkten für die verschiedensten Projekte. In meinem Schrank befinden sich jedoch zwei „Allrounder": Das sind H 180, womit ich einen Großteil der Einlagearbeiten an Kleidungsstücken erledige, und S 320 für fast alle Tascheneinlagen. Trotzdem kann ich empfehlen, die verschiedenen Produkte zu testen, um ein Gefühl für Anwendung und Wirkung zu bekommen.

VOR DEM NÄHEN

MASS NEHMEN

Um die richtige Größe zu ermitteln, muss zunächst Maß genommen werden, am besten in Unterwäsche oder sehr eng anliegender Kleidung mithilfe einer zweiten Person. Die wichtigsten Maße sind der Brustumfang (BU), Taillenumfang (TU), Hüftumfang (HU) sowie die Körperhöhe (KH). Die notierten Maße werden anschließend mit der Körper-Maßtabelle verglichen.

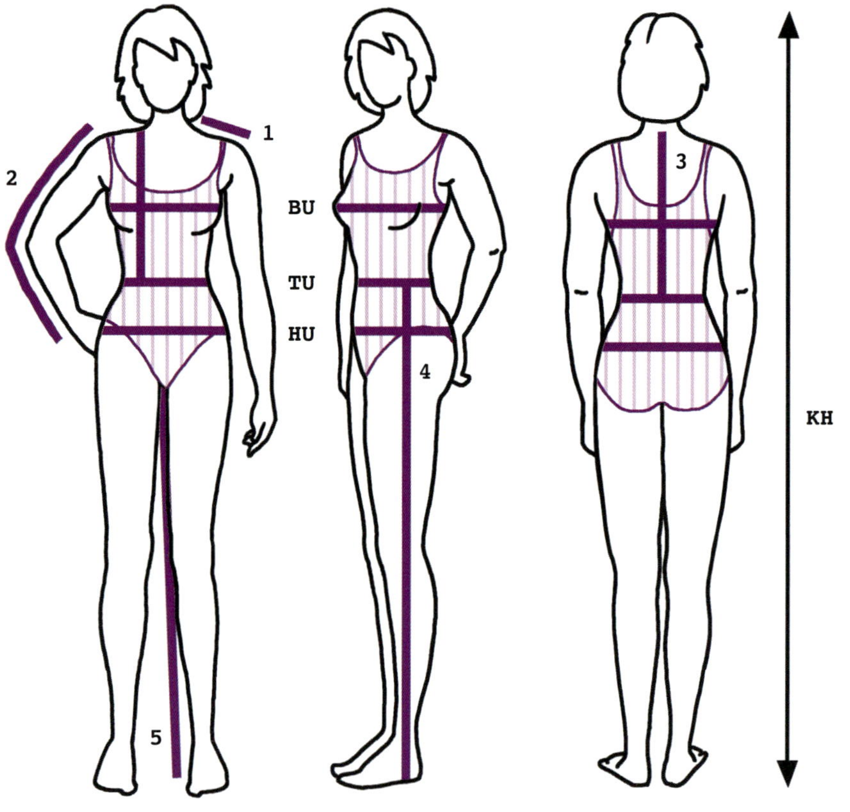

Körperhöhe (KH): Die Körperhöhe entspricht der Körpergröße, gemessen wird ohne Schuhe vom Scheitel bis zur Sohle.

Brustumfang (BU): Gemessen wird an der stärksten Stelle der Brust. Dabei sollte ein gut sitzender BH getragen werden, wie er üblicherweise unter Kleidung getragen wird.

Taillenumfang (TU): Gemessen wird an der schmalste Stelle der Körpermitte, das Maßband sollte eng anliegen, aber nicht schnüren.

Hüftumfang (HU): Gemessen wird an der breitesten Stelle der Hüfte.

Schulterbreite (1): Gemessen wird vom Halsansatz (dort wo eine Kette aufliegt) bis zum Schulterpunkt.

Armlänge (2): Gemessen wird von der Schulterkugel über den leicht gebeugten Ellenbogen bis zum Handgelenk.

Rückenlänge (3): Gemessen wird vom 7. Halswirbel (dieser lässt sich ertasten, es ist der oberste vorstehende Wirbel an der Wirbelsäule, wo der Hals zum Körper übergeht) bis zur Taillenlinie, an der der Taillenumfang gemessen wurde.

Äußere Beinlänge (4): Gemessen wird ab der Taillenlinie, an der der Taillenumfang gemessen wurde, seitlich über die Hüfte bis zum Fußknöchel.

Innere Beinlänge (5): Gemessen wird vom Schritt auf der Innenseite des Beins bis zum Fußknöchel.

DIE RICHTIGE GRÖSSE ERMITTELN

Diesem Buch liegt diese Körpermaßtabelle zugrunde, Maße in cm.

GRÖSSE	34	36	38	40	42	44	46	48	50
Brustumfang	82,0	85,0	88,0	92,0	96,0	100,0	106,0	112,0	118,0
Hüftumfang	91,0	94,0	97,0	101,0	105,0	109,0	114,5	120,0	125,5
Körperhöhe	168,0	168,0	168,0	168,0	168,0	168,0	168,0	168,0	168,0
Taillenumfang	66,0	69,0	72,0	76,0	80,0	84,0	90,0	96,0	102,0
Schulterlänge	12,0	12,1	12,2	12,3	12,4	12,5	12,7	12,9	13,1
Armlänge	59,8	59,9	60,0	60,2	60,4	60,6	60,8	61,0	61,2
Äußere Beinlänge	105,4	105,7	106,0	106,4	106,8	107,2	107,8	108,4	109,0
Innere Beinlänge	79,5	79,5	79,5	79,5	79,5	79,5	79,5	79,5	79,5

Die Tabelle entspricht der in der Bekleidungsindustrie gängigen Normgrößentabelle. Die Normgrößen wurden im Laufe der Jahre immer wieder überarbeitet und angepasst, da die Menschen immer größer werden.

Beim Vergleich der eigenen Maße mit der Maßtabelle fallen oft zwei Dinge auf:

Zum einen entsprechen die eigenen Maße ganz oft nicht genau den Maßen der Tabelle. Die wenigsten Menschen haben exakte Normgrößen, wir sind ja nicht von der Stange! Die eine Frau hat einen kräftigen Busen und eine schmale Hüfte, die andere wiederum eine flache Brust und ein breites Becken. Da können schon Abweichungen von mehreren Größen vorkommen. Das ist kein Grund zur Panik oder Anlass für Selbstzweifel, sondern hier helfen eventuell Schnittmusteranpassungen.

Zum anderen erhalte ich immer wieder einmal erboste Nachrichten, dass die Maßtabelle nicht stimmen könne, da man immer Konfektionsgröße 38 trage und nun laut der vorliegenden Tabelle plötzlich 42 nähen solle. Auch hier gibt es keinen Grund zur Beunruhigung, es sind nur Zahlen, die später beim fertigen Kleidungsstück kein anderer sieht!

Die Körpermaßtabelle gibt nur Aufschluss darüber, welches Kleidungsstück für welche Größe passt. Dabei ist nicht berücksichtigt, wie der Designer sich das Kleidungsstück vorstellt bzw. wie die Trägerin gerne ihre Kleidung trägt.

Eine Oversize-Jacke sitzt natürlich nicht figurnah und konturiert, sondern weit und leger. Ein tailliertes Kleid sitzt am Bauch figurbetont und nicht luftig weit kaschierend. Wie hat der Designer sich das Kleidungsstück vorgestellt? Eine Körpermaßtabelle sagt nichts darüber, wie das Kleidungsstück tatsächlich sitzt bzw. wie weit oder eng es geschnitten ist.

Weiterhin ist entscheidend, wie die Trägerin selbst ihre Kleidung trägt und sich wohlfühlt. Die einen Frauen zeigen gerne stolz ihre Kurven und tragen Kleidung figurbetont, andere Frauen fühlen sich in weiter Kleidung wohler. Es ist gut möglich, dass beide Frauentypen laut Normgrößentabelle die gleiche Größe haben, aber die einen im Geschäft immer zur kleineren Größe greifen, während die anderen die größere Größe wählen, sie aber noch nie einen Blick in die Normgrößentabelle geworfen haben.

Für eine zusätzliche Entscheidungshilfe bei der Größenwahl enthält dieses Buch daher auch Fertigmaßtabellen der einzelnen Kleidungsstücke. Das sind die Maße des fertig genähten Kleidungsstücks. Hier lassen sich die Maße des zu nähenden Modells mit gut sitzenden vorhandenen Kleidungsstücken vergleichen. So bekommt man einen Eindruck davon, wie weit oder eng ein Kleidungsstück geschnitten ist. Liegt man selbst zwischen zwei Größen der Normgrößentabelle, kann man sich zusätzlich an der Fertigmaßtabelle orientieren, ob man lieber die größere oder kleinere Größe wählt. Wichtig ist jedoch, dass ähnliche Materialien miteinander verglichen werden, also bitte kein Jersey-Shirt mit einer Bluse vergleichen.

Bei der Größenwahl von Blusen, Kleidern oder Jacken gibt der Brustumfang den Ausschlag, während bei Hosen und Röcken der Hüftumfang maßgeblich ist. Da es sich bei den Modellen im Buch um Kleidungsstücke aus Webware handelt und Webware in der Regel nicht dehnbar ist, muss eine Mehrweite hinzugegeben werden, sonst kommt man entweder nicht in das Kleidungsstück hinein oder es reißt bei der ersten Bewegung. Das Fertigmaß des Kleidungsstücks muss daher immer über dem Körpermaß liegen. Anders als bei Jerseybekleidung, wo beispielsweise für ein eng anliegendes T-Shirt Fertigmaß und Körpermaß gleich sein können, da es sich durch seine Elastizität dem Körper anpasst und den Bewegungen nachgibt.

Um ganz sicher zu gehen, kann man im Vorwege ein Probeteil aus Nesselstoff nähen und so notwendige Änderungen für das finale Modell berücksichtigen.

SCHNITTMUSTER

Die Schnittmuster für die Modelle aus diesem Buch befinden sich auf den beiliegenden Schnittmusterbogen. Bei jedem Modell ist die Angabe enthalten, auf welchem der vier Bogenseiten und in welcher Farbe die benötigten Schnittteile zu finden sind. Die Schnittteile liegen aus Platzgründen gestapelt übereinander und müssen abgepaust werden. Zum Abpausen eignet sich speziell im Fachhandel erhältliches transparentes Kopierpapier, viele verwenden jedoch auch die deutlich günstigere durchsichtige Baufolie aus dem Baumarkt.

Abpausen

Zum Abpausen wird das Kopierpapier auf den Schnittbogen gelegt und das Schnittteil in der gewünschten Größe nachgezeichnet. Hierbei müssen unbedingt alle Markierungen und Beschriftungen wie Passzeichen, Knopfpositionen, Fadenlauf, Bruch oder Umbruch übernommen werden. Zu beachten sind auch die verschiedenen Schnittkanten, die für unterschiedliche Längen oder Ausschnitte gedacht sind. Manche Modelle können mit zwei verschiedenen Ärmelvarianten genäht werden, hier muss natürlich nur die gewünschte Ärmelvariante zugeschnitten werden. Die Schnittteile sollten immer mit dem jeweiligen Schnittmuster, der Größe und der Schnittteil-Bezeichnung (Vorderteil, Rückenteil, Beleg etc.) beschriftet werden, damit sie später leicht zugeordnet werden können.

Neben den fertigen Schnittteilen sind bei einigen Modellen auch bemaßte Schnittteile angegeben, hier gibt es also kein fertiges Schnittteil zum Abpausen, sondern es wird anhand der angegebenen Maße selbst erstellt. Da es sich hierbei immer um rechteckige Teile in einheitlicher Größe wie Träger, Gürtel oder Schlaufen handelt, sind diese nicht auf dem Schnittbogen enthalten.

Die Nahtzugabe und die Saumzugabe ist in den Schnittteilen nicht enthalten und muss hinzugegeben werden (siehe unten Nahtzugabe). Sie kann beim Aufzeichnen der Schnittteile bereits mit eingezeichnet werden, alternativ wird sie beim Zuschnitt hinzugegeben. Sind alle Schnittteile abgepaust und aufgezeichnet, werden diese mit einer Papierschere ausgeschnitten.

Nahtzugabe/Saumzugabe

Die Schnittmuster in diesem Buch enthalten, sofern nicht ausdrücklich angegeben, keine Nahtzugabe, d. h. die Naht verläuft exakt an der Außenkante der Schnittmuster, die Außenkante entspricht der Nahtlinie. Damit zwei oder mehr Schnittteile zusammengenäht werden können, braucht man die sogenannte Nahtzugabe. Sie ist ein Stück überstehender Stoff außerhalb der Nahtlinie und wird zum Schnittmuster hinzugegeben. Die Breite kann individuell gewählt werden, in der Regel ist die Nahtzugabe zwischen 0,5 und 1,5 cm breit. Beim Nähen mit der Overlock-Maschine sollte die Nahtzugabe auf die Stichbreite abgestimmt werden. Eine Ausnahme machen die beiden Taschenschnitte in diesem Buch. Hier ist die Nahtzugabe mit eingezeichnet, da hier keine Schnittanpassungen nötig sind und der Schnitt nur eine Größe hat.

Die Nahtzugabe ist für viele Nähanfängerinnen besonders schwierig. Immer wieder taucht die Frage auf, weshalb die Schnitte nicht gleich die Nahtzugabe enthalten können. Es gibt verschiedene Gründe, weshalb Schnittmuster keine Nahtzugabe enthalten:

Oft wird die Nahtzugabe in Nähfußbreite gewählt, um sich mit der Außenkante des Nähfußes entlang der Stoffaußenkante zu orientieren und automatisch die richtige Nahtzugabe einzuhalten. Da es unterschiedlich breite Nähfüße gibt, kann dann nur für eine einzige Nähfußbreite die Nahtzugabe korrekt eingezeichnet sein, für alle anderen passt sie nicht.

Näherinnen haben individuelle Vorlieben für die Breite der Nahtzugaben. Wäre die Nahtzugabe bereits in einer Standardbreite eingezeichnet, passte die Nahtzugabe auch hier nur für eine Gruppe, alle anderen müssten sie ohnehin ihren Vorlieben anpassen.

Bei Mehrgrößenschnitten können nicht Nahtlinie und Nahtzugabe eingezeichnet werden, da dies das Doppelte an zusätzlichen Linien bedeuten würde, was den Schnittbogen noch viel unübersichtlicher machte.

Wäre dagegen im Umkehrschluss nur die Nahtzugabe eingezeichnet und nicht die eigentliche Nahtlinie, würden Schnittanpassungen sehr viel schwieriger, da dann der Nahtverlauf wieder eingezeichnet werden müsste. Wer eine individuelle Nahtzugabe gewöhnt ist, käme außerdem schnell durcheinander.

Die Breite der Nahtzugabe kann bei verschiedenen Stoffen variieren, sehr dicke Stoffe oder stark fransende Stoffe benötigen mehr Nahtzugabe als leichte Stoffe, die nicht

fransen. Und die Stoffauswahl liegt schließlich bei der Näherin und kann nicht unbedingt vorhergesehen werden.
Die Verarbeitungsweise der Nähte kann ebenfalls zu unterschiedlich benötigten Nahtzugaben führen. Werden alle Nähte mit der Overlock genäht, reichen oftmals 0,7 cm Nahtzugabe aus. Wird aber auf eine tadellose Innenseite Wert gelegt und mit französischen Nähten genäht, ist mehr Nahtzugabe erforderlich.
Aber Achtung: Trotz aller Gründe, die gegen das Einzeichnen der Nahtzugabe sprechen, gibt es Schnittmuster, besonders aus dem englischsprachigen Raum, die die Nahtzugabe bereits enthalten! Das muss beim Nähen dann natürlich beachtet werden.
Auch die Saumzugabe ist in den Schnittmustern nicht enthalten und muss je nach gewünschter Saumweise ebenso hinzugeben werden (siehe Säumen Seite 125/126).

SCHNITTMUSTERANPASSUNGEN

Manchmal ist es nötig, im Schnittmuster Abweichungen von den Normmaßen anzupassen. Ohne zu tief auf die sehr komplexe Schnittkonstruktion einzugehen, können auch Anfänger einfache Schnittanpassungen selbst ausführen.
Schnittanpassungen gelingen am einfachsten am ausgeschnittenen Papierschnittmuster. Klebeband, Stift, Papier und Lineal sollten bereitliegen. Zunächst werden auf dem Papierschnitt Hilfslinien eingezeichnet, an denen das Schnittmuster geteilt und auseinander- bzw. zusammengeschoben wird. Anschließend werden die Teile entsprechend mit Klebeband wieder zusammengeklebt bzw., sollte eine Lücke entstehen, zusätzliches Papier eingefügt und danach zusammengeklebt. Der Versatz, der sich daraus ergibt, wird mit einer durchgehenden Linie angepasst.

Längenanpassung Hosen und Röcke

Die Modelle in diesem Buch sind so konstruiert, dass eine Längenänderung einfach am Saum möglich ist. Dazu wird der Saum entsprechend der gewünschten Maße länger bzw. kürzer zugeschnitten.

Längenanpassung Oberteile und Kleider mit Brustabnähern

Geringe Längenanpassungen von wenige Zentimetern sind einfach am Saum möglich. Dazu wird der Saum beim Zuschnitt ein Stück länger bzw. kürzer zugeschnitten.
Bei Kleidern oder Oberteilen mit Brustabnähern wird eine Hilfslinie (bzw. zwei bei Kleidern) quer im Taillen- und Hüftbereich gezogen und das Schnittteil hier verlängert oder verkürzt. Das Rückenteil muss an den gleichen Stellen ebenfalls geändert werden.

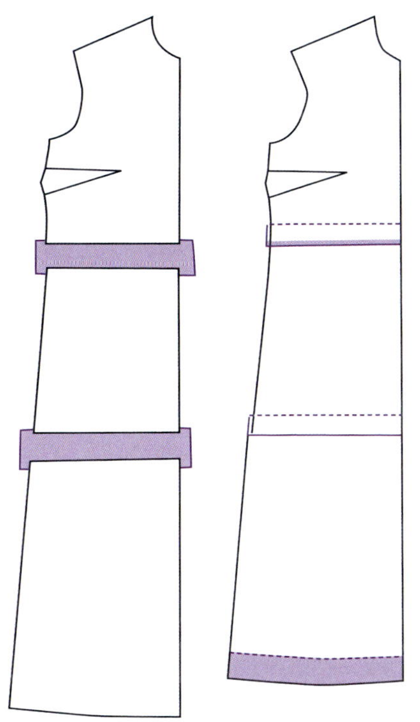

Längenanpassung Oberteile und Kleider mit Taillenabnähern

Auch hier sind geringe Längenanpassungen am Saum möglich. Müssen sie im Taillenabnäher-Bereich auf dem Vorder- und Rückenteil erfolgen, so werden diese ebenfalls an der Hilfslinie auseinandergeschnitten und die Schnittteile entsprechend verschoben. Der neue Abnäher ist dann etwas kürzer bzw. länger, er wird von der Spitze mit durchgehenden Linien verbunden.

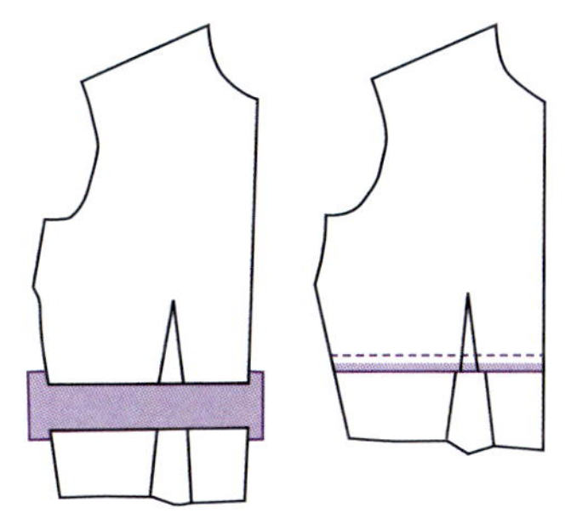

Längenanpassung Ärmel

Die Ärmel werden mittig oder in Drittel geteilt auseinander- bzw. zusammengeschoben, um die Länge anzupassen.

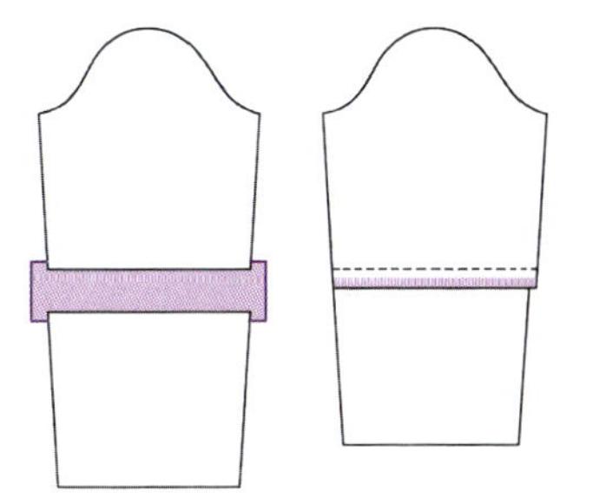

Ändern von Brustabnähern

Die Spitze des Abnähers soll dem Brustpunkt entsprechen. Liegt der eigene Brustpunkt höher oder tiefer, wird er auf dem Papierschnitt eingezeichnet und mit Linien verbunden. Der neue Brustpunkt lässt sich bestimmen, indem das Papierschnittteil angehalten wird.

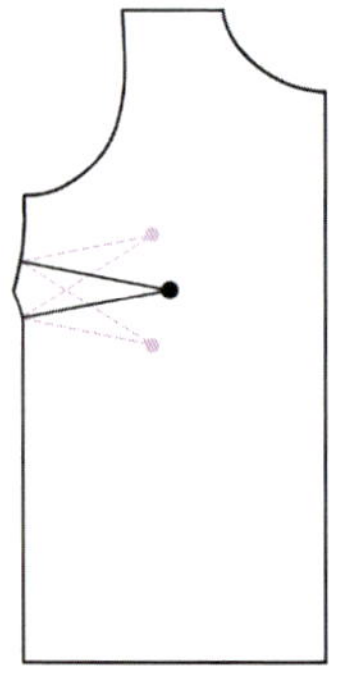

Änderungen an Mehrgrößenschnitten

Mehrgrößenschnitte sind ideal zum Ändern von Schnittteilen, da alle benötigten Größen nebeneinanderliegen. Entspricht beispielsweise das individuelle Brustmaß einer anderen Größe als das Hüftmaß, kann man am vorhandenen Schnittteil beim Abpausen die erforderliche Größe der Brust wählen und dann im Bereich der Hüfte zu einer anderen Größe wechseln, dies sollte in einer harmonischen Linie erfolgen.
Wer exakt zwischen zwei Größen liegt, kann hier auch zwischen zwei Größenlinien zuschneiden.

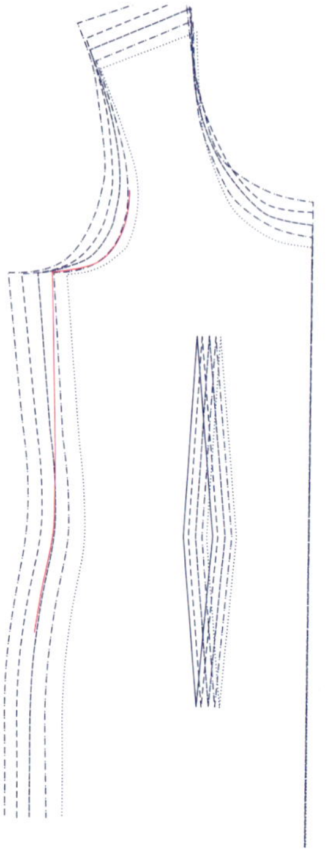

ZUSCHNEIDEN

Die ausgeschnittenen Schnittteile auf Kopierpapier oder Folie werden nun auf den Stoff gesteckt, um sie zuzuschneiden. Dabei muss unbedingt der im Schnittmuster angegebene Fadenlauf beachtet werden. Der Fadenlauf entspricht der Richtung der Kettfäden, d. h. er verläuft parallel zur Webkante des Stoffs. Die Einhaltung des Fadenlaufs ist wichtig für den Fall oder eine gewünschte Musterrichtung.

Da Schnittteile oftmals gegengleich zugeschnitten werden, d. h. zwei Schnittteile sind spiegelverkehrt (z. B. rechte und linke Jackenvorderseite), wird der Stoff in doppelter Stofflage rechts auf rechts gelegt und darauf das gewünschte Schnittteil gesteckt. So erhält man beim Zuschnitt automatisch zwei gegengleiche Schnittteile.

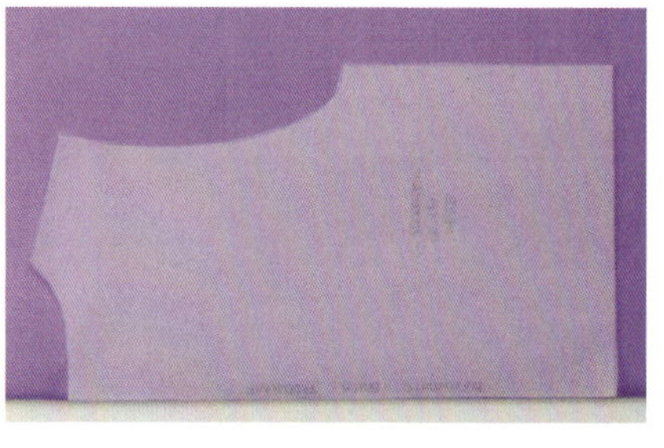

Symmetrische Schnittteile wie z. B. Vorder- oder Rückenteile werden im Stoffbruch zugeschnitten. Dafür wird der Stoff entlang des Fadenlaufs rechts auf rechts gefaltet und das Schnittteil mit der im Schnittmuster bezeichneten Bruch-Kante direkt an den Stoffbruch gelegt, an der Bruchkante wird keine Nahtzugabe hinzugegeben.

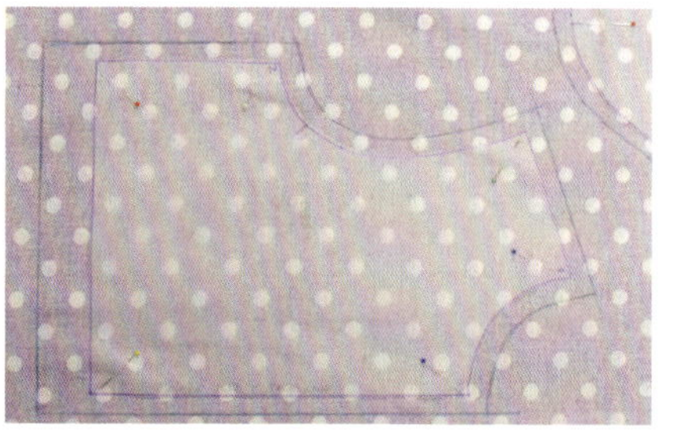

Wurden die Naht- und Saumzugabe noch nicht auf dem kopierten Papierschnittteil hinzugegeben, überträgt man sie nun auf den Stoff. Es empfiehlt sich, zusätzlich die Nahtlinie aufzuzeichnen.

Der Stoff kann nun mit einer scharfen Stoffschere oder mit dem Rollschneider zugeschnitten werden.

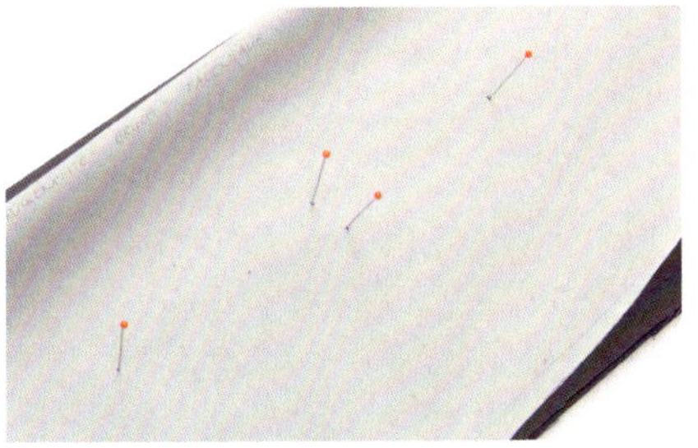

Abnäher und andere Markierungen können leicht mithilfe von Stecknadeln übertragen werden. Dazu sticht man durch den Papierschnitt und beide Stofflagen hindurch in die Eckpunkte der Abnäher, hebt dann vorsichtig das Papier etwas an und markiert die Einstichstelle auf dem Stoff. Die Bügeleinlage (Vlieseline) wird genau wie der Stoff mithilfe der Papierschnittteile zugeschnitten und auf die linke Stoffseite gebügelt. Hierbei sollte man unbedingt die Bügeleinstellungen für die verwendete Vlieseline beachten und möglichst zuvor eine Bügelprobe an einem Stoffrest machen.

MEIN TIPP: Bei Belegen oder anderen Kleinteilen aus sehr rutschigen, sich leicht verziehenden Stoffen ist es oft hilfreich, das Schnittteil auf die Vlieseline aufzuzeichnen, es grob rundherum auszuschneiden, auf den Stoff zu bügeln und erst danach das Schnittteil exakt zuzuschneiden.

Besonderheiten beim Zuschneiden

Stoffe mit symmetrischem Musterverlauf (wie z. B. Streifen, Karos oder Ornamente) sollten so zugeschnitten werden, dass sich das Muster auf dem fertigen Kleidungsstück fortsetzt (z. B. über die Seitennaht hinweg) oder beide Seiten einer Bluse oder einer Jacke beim Zuknöpfen ein fortlaufendes Muster haben. Dazu werden die Schnittteile beim Zuschneiden gleichmäßig ausgerichtet, der Stoffverbrauch kann sich hierdurch erhöhen.

Stoffe mit sehr großem und unregelmäßigem Muster, bei dem ein Musterverlauf nicht auf Anhieb zu erkennen ist, oder im Gegenteil mit sehr kleinem Muster, können wie Uni-Stoffe zugeschnitten werden. Der Musterverlauf muss nicht unbedingt beachtet werden.

Beim Zuschnitt von Stoffen mit Musterrichtung (Gegenstände, Figuren, Schriften etc.) muss man die Musterrichtung unbedingt beachten, damit die Muster später nicht „auf dem Kopf" stehen. Dies kann den Stoffverbrauch erhöhen.

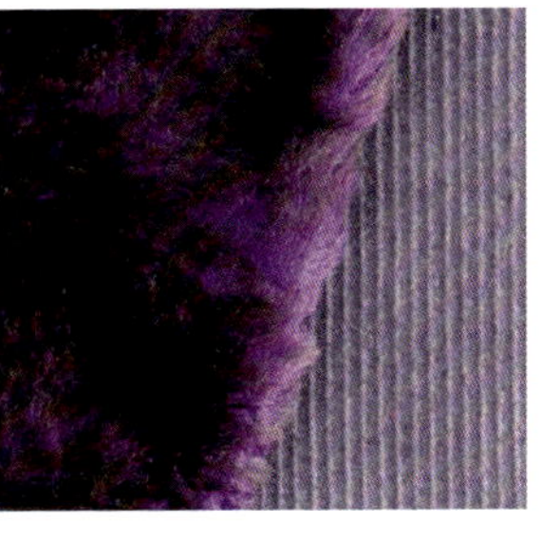

Stoffe mit Strichrichtung wie z. B. Samt oder Cord sollten stets in ihrer Strichrichtung zugeschnitten werden. Die Schnittteile werden alle in dieselbe Richtung aufgelegt und dann zugeschnitten, damit der Strich am fertigen Kleidungsstück gleichmäßig verläuft und der Stoff nicht unterschiedlich schimmert.

NÄHTECHNIKEN

VERSÄUBERN

Beim Zuschneiden der Schnittteile entstehen Schnittkanten, die je nach Stoff mehr oder weniger stark ausfransen. Diese Schnittkanten müssen versäubert werden, damit die Nähte später nicht einreißen und das Kleidungsstück auch von innen schön aussieht. Je nachdem, welche Methode zum Versäubern man einsetzt, sieht die Innenseite mehr oder weniger professionell aus. Wichtig ist, vor dem Zuschneiden bereits zu entscheiden, mit welcher Methode man versäubern möchte. Denn das kann die benötigte Breite der Nahtzugabe beeinflussen.

Versäubern mit der Zickzackschere

Die einfachste und schnellste Art, Schnittkanten zu versäubern, ist die mit der Zickzackschere. Da es allerdings ziemlich mühsam ist, die Schnittteile schon mit der Zickzackschere zuzuschneiden, nimmt man fürs Zuschneiden zunächst die normale Stoffschere und schneidet erst nach dem Nähen die überstehende Nahtzugabe mit der Zickzackschere.
Fürs Versäubern mit der Zickzackschere eignet sich nicht jeder Stoff, manche Stoffe fransen auch weiterhin aus. Dies sollte vorher unbedingt getestet werden. Grundsätzlich ist das Versäubern der Schnittkanten mit einem Zickzack- oder Overlockstich schöner, sehr feine Stoffe rollen sich aber möglicherweise dabei ein. Hier kann die Versäuberung mit der Zickzackschere vorteilhafter sein.
Außerdem eignet sich die Zickzackschere zum Rückschneiden der Nahtzugaben, etwa wenn zwei Schnittteile wie z. B. beim Kragen verstürzt werden oder wenn ein Beleg am Halsausschnitt angenäht wird.

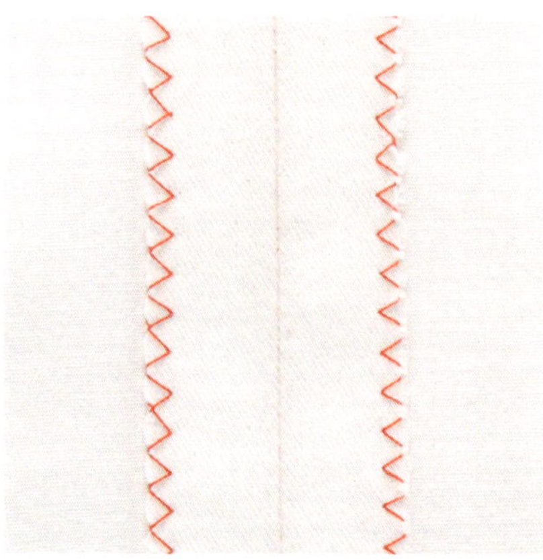

Versäubern mit dem Zickzackstich

Schnittteile lassen sich mit dem Zickzackstich der Nähmaschine versäubern. Hierbei wird immer ein Stich in die Nahtzugabe und der nächste Stich direkt neben die Stoffkante „ins Leere“ gesetzt. Die Stichbreite und -länge wählt man je nach Stoffart. Es empfiehlt sich, im Vorfeld eine Nähprobe zu machen. Grundsätzlich können entweder alle Schnittteile einzeln versäubert und anschließend zusammengenäht werden oder erst zusammengenäht und dann zwei oder mehr Stofflagen gemeinsam versäubert werden. Bei leichten Stoffen ist es möglich, sie zusammen zu versäubern, dickere Stoffen sollten einzeln versäubert werden.
Der Vorteil des Versäuberns mit dem Zickzackstich der Nähmaschine gegenüber der Overlock ist, dass man auch sehr schmale Nahtzugaben versäubern kann, die für die Overlock-Maschine zu schmal sind.

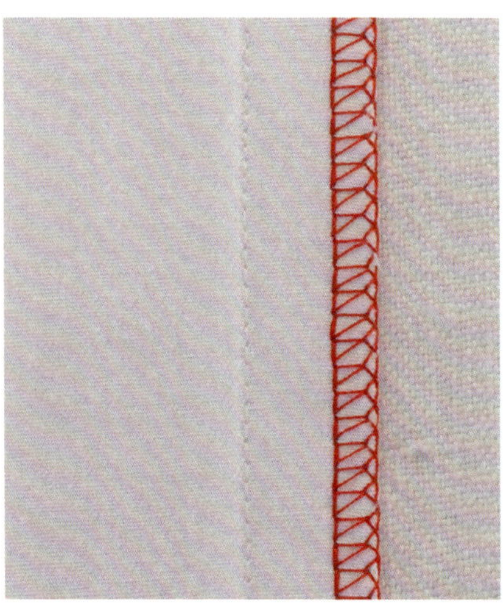

Versäubern mit der Overlock-Maschine

Das Versäubern mit der Overlock-Maschine hat sehr schön gleichmäßige und professionell aussehende Stoffkanten zur Folge. Genau wie beim Versäubern mit dem Zickzackstich können die Schnittteile einzeln oder in mehreren Stofflagen zusammen versäubert werden (siehe Nähen mit der Overlock Seite 109).
Einer der Vorteile der Overlock-Maschine ist, dass sie in einem Arbeitsgang zusammennähen und versäubern kann. Da sich jedoch mit der Nähmaschine sehr viel genauer als mit der Overlock-Maschine nähen lässt, sollte man die Schnittteile an manchen Stellen lieber mit der Nähmaschine nähen und der Overlock-Maschine nur das Versäubern überlassen. Schnittteile, die verstürzt werden und bei denen die Nahtzugabe für eine saubere Ausformung zurückgeschnitten werden muss, wie beispielsweise Kragen, Manschetten oder Nähte von Belegen, sollte man grundsätzlich nicht mit der Overlock-Maschine nähen, sondern mit der Nähmaschine. Die Nahtzugabe kann dann mit der Zickzackschere zurückgeschnitten werden.

Versäubern durch Einfassen

Das Versäubern durch Einfassen der Nahtzugabe mit Schrägband ist eine sehr aufwendige, aber auch hochwertig und edel aussehende Versäuberungstechnik. Dabei wird das Schrägband um die Stoffkante gelegt und feststeppt (siehe Einfassen mit Schrägband Seite 128). Diese Technik eignet sich z. B. für ungefütterte Jacken. Das Schrägband kann dabei Ton in Ton sein, besonders schön wirkt es jedoch in Kontrastfarben.

Versäubern mit der Französischen Naht

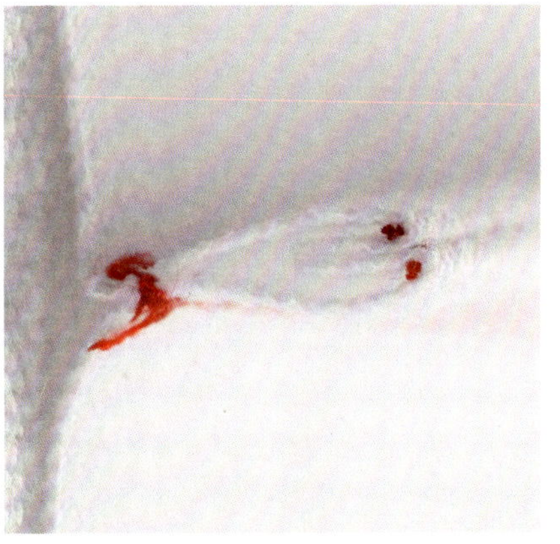

Die französische Naht oder Rechts-Links-Naht ist eine sehr schöne und hochwertige Kantenversäuberung, die sich für gerade Nähte anbietet.

Hierbei werden zunächst zwei Stofflagen links auf links gelegt und mit einem Abstand von 5 bis 6 mm zur Stoffkante zusammengenäht. Danach wird die Nahtzugabe auf ca. 3 mm zurückgeschnitten und auseinandergebügelt. Nun werden beide Stofflagen entlang der Naht rechts auf rechts gelegt, sodass die Nahtzugabe dazwischenliegt, und mit einem Abstand von 1 cm zur bereits genähten Naht erneut zusammengesteppt. Die offene Schnittkante liegt nun eingeschlossen.

Diese Versäuberungstechnik erfordert eine breitere Nahtzugabe. Sie eignet sich für feine Stoffe, die zum Einrollen neigen, wenn sie mit dem Zickzickstich versäubert werden. Es ist aber auch möglich, die Seitennähte von leichten ungefütterten Jacken auf diese Weise zu versäubern.

SÄUMEN

Säumen bezeichnet den Abschluss eines Kleidungsstückes an der Unterkante (Blusensaum, Rocksaum, Kleidersaum, Hosenbeinsaum) oder am Ärmel (Ärmelsaum). Es gibt sehr hochwertige Saummethoden von Hand oder schnelle, eher unprofessionelle geklebte Säume. Im Folgenden gehe ich ausschließlich auf die gängigen Methoden des Säumens mit der Maschine ein.

Die Saumzugabe beim Zuschneiden richtet sich nach der verwendeten Saummethode, nach dem verwendeten Stoff und dem genähten Kleidungsstück. Als Richtwert für eine fertige Saumbreite (nicht bei Rollsäumen) geht man bei Mänteln von 6 bis 8 cm aus, bei Jacken von 3 bis 5 cm, bei Hosen, Röcken und Kleidern von 2 bis 4 cm und bei Hemden und Blusen von 1 bis 3 cm. Runde Säume sind oft leichter mit schmaleren und einfachen Säumen zu nähen.

Einfacher Saum

Der einfache Saum wird an der Stoffkante versäubert, in gewünschter Breite auf die linke Stoffseite umgeschlagen, gut gebügelt und auf der versäuberten Stoffkante festgesteppt.

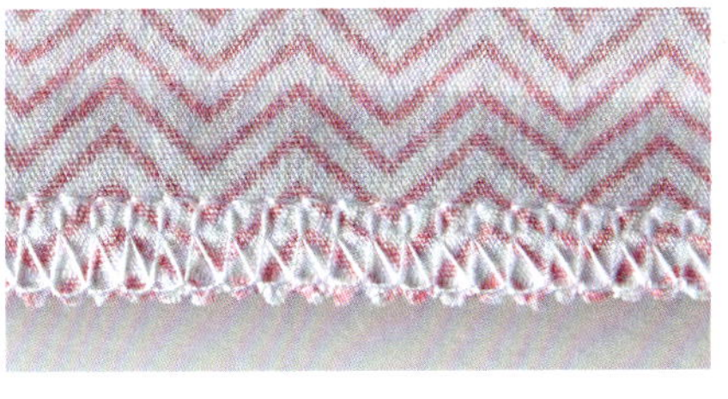

Doppelter Saum

Beim doppelten Saum wird die Stoffkante zweimal eingeschlagen, sodass ein Versäubern der Stoffkante nicht notwendig ist. Die Saumzugabe entspricht der doppelten fertigen Saumbreite. Wenn beispielsweise der fertige Saum 2 cm breit sein soll, wird eine Saumzugabe von 4 cm hinzugegeben.

Zunächst wird die Stoffkante 2 cm auf die linke Stoffseite umgeschlagen und gebügelt, anschließend wird dieser Einschlag erneut 2 cm umgeschlagen und abermals gebügelt. Danach wird der Saum knappkantig entlang der Saumbruchkante festgesteppt.

Rollsaum

Der Rollsaum ist ein besonders schmaler Saumabschluss. Er eignet sich vor allem für leichte Stoffe und sollte unbedingt mit einem Rollsaumfuß genäht werden, da er nur dann wirklich gleichmäßig und schön wird. Die Saumzugabe wird in den Rollsaumfuß eingefädelt und beim Nähen in einem Arbeitsgang sehr schmal doppelt umgeschlagen und festgenäht, dabei kann ein Geradstich gewählt werden. Da das Nähen mit dem Rollsaumfuß ein wenig Übung erfordert, ist es anfangs oft einfacher, einen schmalen Zickzackstich zu verwenden. Das Nähen mit dem Rollsaumfuß sollte unbedingt vorher an dem verwendeten Stoff getestet werden.

ABNÄHER

Abnäher sind notwendig, um ein Schnittteil den Körperrundungen anzupassen und Form zu geben. Es gibt verschiedene Abnäherformen für unterschiedliche Anwendungen.
In diesem Buch haben einige Modelle optionale Taillenabnäher im Rücken. Diese sind dafür da, das Kleidungsstück etwas tailliert erscheinen zu lassen. Es empfiehlt sich, beim Übertragen der Schnittteile diese Abnäher mit einzuzeichnen, aber noch nicht zu nähen. Nach dem Fertigstellen des Kleidungsstücks wird eine Anprobe gemacht und entschieden, ob diese Taillenabnäher noch zusätzlich genäht werden sollen. Sie können testweise abgesteckt werden.

Einfacher Abnäher

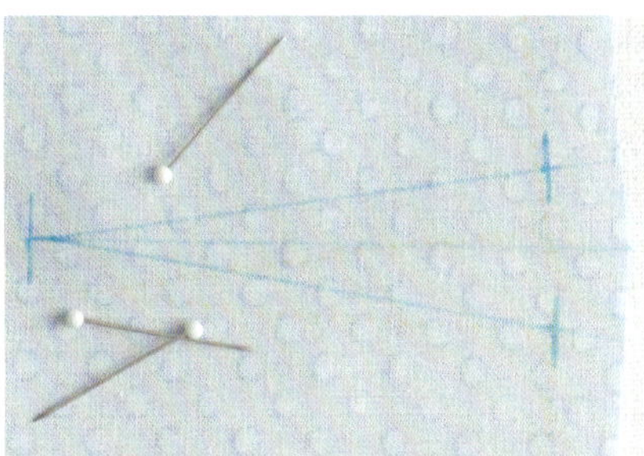

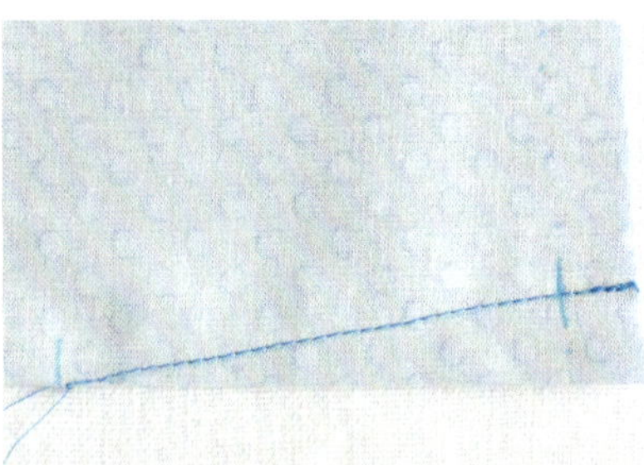

Die Abnäher zunächst vorsichtig auf der linken Stoffseite aufzeichnen. Den Abnäher an der mittigen Linie rechts auf rechst falten und entlang der spitz zulaufenden Linie abnähen. Dabei von der breiten Seite beginnen, den letzten Stich hinter der Spitze „ins Leere" stechen und den Faden verknoten.
Den Abnäher bügeln. Bei den einfachen Abnähern im Buch handelt es sich um Brustabnäher, sie werden nach unten gebügelt.

Einfacher, aufgeschnittener Abnäher

Einfache Abnäher, die nicht gerade zulaufen, sondern eine deutlich gerundete Ausformung haben, werden zunächst wie der einfache Abnäher vorbereitet und anschließend auf der gerundeten Linie abgenäht. Anschließend wird der Stoff jedoch zurückgeschnitten und versäubert. Im Buch betrifft dies die Abnäher der Kleider auf Seite 48 und 52.

Taillenabnäher

Taillenabnäher können sowohl am Vorderteil als auch am Rückenteil eingearbeitet werden und geben einem Oberteil oder Kleid mehr Taillierung. Die Abnäher sind rautenförmig und sehen aus wie zwei aneinandergelegte einfache Abnäher.
Genau wie der einfache Abnäher wird der Taillenabnäher längs mittig rechts auf rechts gefaltet. Man beginnt einen Stich vor der einen Spitze zu nähen und näht bis zur breitesten Stelle, von dort in einem Zug weiter zur anderen Spitze. Auch hier wieder einen Stich „ins Leere" stechen und die langen Enden verknoten. Je nach Breite des Abnähers wird mittig an der breitesten Stelle des Abnähers eingeschnitten, damit er sich gut umlegen und bügeln lässt.
Taillenabnäher werden in der Regel nach innen zur hinteren bzw. vorderen Mitte hin gebügelt.

BELEGE

Hals- und Armausschnitte werden mit einem passenden Formbeleg versäubert. Damit sie in Form bleiben, sollten die Belege mit Vlieseline verstärkt werden (siehe Seite 117). Dazu möglichst eine leichtere Einlage als den Stoff wählen.

Da Belege oftmals aus zwei oder mehr Teilen zusammengesetzt werden, damit sich diese optimal um den zu versäubernden Ausschnitt legen, werden diese zunächst zusammengenäht: Belege für den Halsausschnitt werden an den Schulternähten zusammengenäht, Belege für den Armausschnitt an den Schulternähten und der Seitennaht.

Je nach Ausschnittform kann das ein zum Ring geschlossener Beleg sein oder ein offener, wenn er entlang des Halsausschnittes in eine Knopfleiste übergeht.

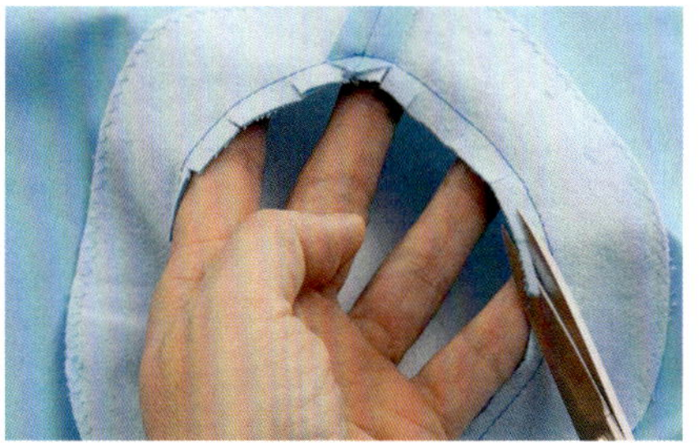

Die Belege werden an den Außenkanten versäubert, an den Innenkanten nicht.

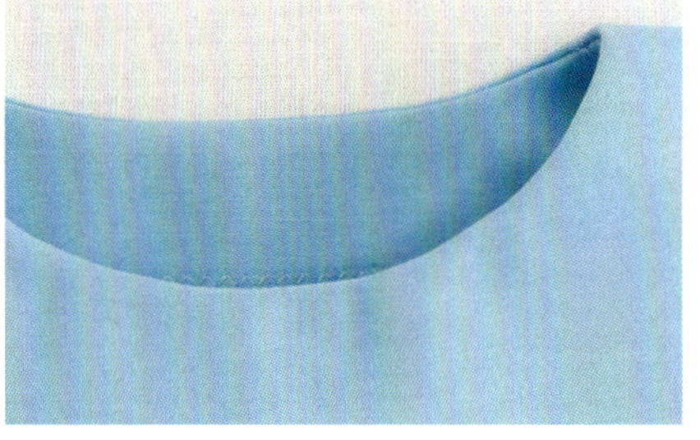

Der Beleg wird anschließend rechts auf rechts an den Ausschnitt gesteckt. Dabei darauf achten, dass die Schulternähte und gegebenenfalls die Seitennähte (bei Armausschnitten) aufeinanderliegen. Dann den Ausschnitt rundherum feststeppen. Die Nahtzugabe einkürzen und je nach Ausschnittform eventuell die Ecken abschrägen. Den Beleg nach innen wenden und knappkantig von rechts absteppen.

Zuletzt den Beleg von Hand mit einigen Stichen an der Nahtzugabe der Schulternähte fixieren.

KRÄUSELN

Mit dem Kräuseln oder Raffen von Stoff lässt sich Stoffweite gleichmäßig und in weich fallenden Falten zusammenfassen und so mehr Volumen oder eine romantische, verspielte Optik erzielen. Es gibt verschiedene Möglichkeiten, Stoffe zu kräuseln. Für die im Buch enthaltenen Modelle ist das Kräuseln mit zwei parallelen Geradstichen am geeignetsten.

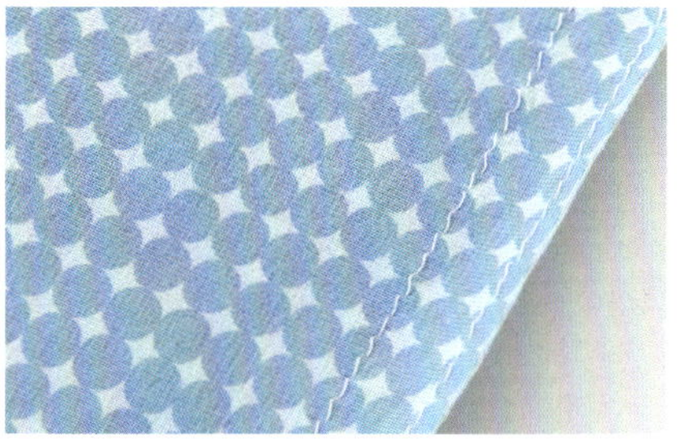

Entlang der zu kräuselnden Stoffkante werden in der Nahtzugabe zwei parallele Nähte genäht, diese sollten einen Abstand von ca. 0,5 cm haben. Die Stichlänge wird dabei so lang wie möglich eingestellt, die Oberfadenspannung kann heruntergeregelt werden. Am Anfang und am Ende sollten unbedingt lange Fäden stehen bleiben.

Dann zieht man vorsichtig an den Unterfäden und schiebt dabei den Stoff zusammen, sodass er gleichmäßig über die gesamte Länge gekräuselt wird. Dabei immer wieder messen, ob die gewünschte Länge erreicht ist. Die Enden gut verknoten und das nun geraffte Schnittteil weitervernähen. Anschließend werden die Kräuselfäden vorsichtig herausgezogen.

EINFASSEN MIT SCHRÄGBAND

Damit Stoffkanten nicht ausfransen und schön versäubert sind, können sie mit einem schmalen Stoffstreifen eingefasst werden. Diese Technik eignet sich z. B. für Ärmelschlitze, aber auch für Hals- und Armausschnitte sowie Säume.

Wenn die einzufassende Stoffkante nicht gerade ist, sondern rund, muss der Stoffstreifen unbedingt im schrägen Fadenlauf zugeschnitten werden, sodass er sich der Rundung optimal anpassen kann. Dieses sogenannte Schrägband kann fertig gekauft werden oder leicht selbst hergestellt werden.

Schrägband selbst nähen

Der Stoffstreifen wird nach der Formel „fertige Breite x 4" und in der gewünschten Länge zugeschnitten.

Beispiel: Die Einfassung einer Stoffkante soll 1 cm breit sein, der Stoff wird daher mit 4 cm Breite zugeschnitten.

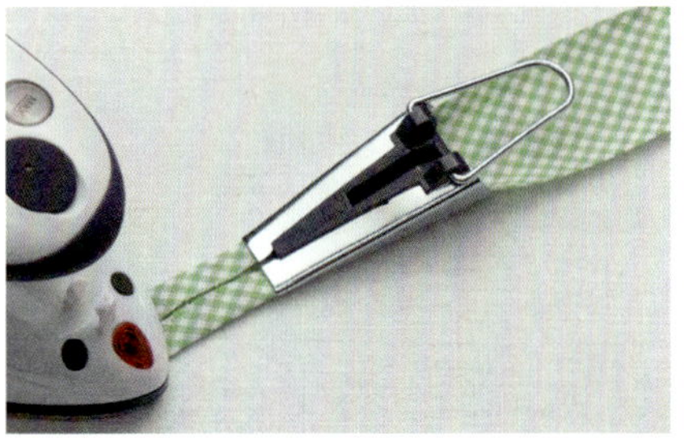

Den Stoffstreifen längs mittig links auf links falten und bügeln. Dann den Stoffstreifen auseinanderfalten und die langen Seitenkanten zur Mitte hin bügeln. Alternativ kann auch ein Schrägbandformer verwendet werden.

MEIN TIPP: Es empfiehlt sich, den Stoffstreifen immer etwas länger zuzuschneiden als erforderlich und lieber das überstehende Stück abzuschneiden, so lassen sich Anfang und Ende der Einfasskante leichter verarbeiten.

Schrägband annähen

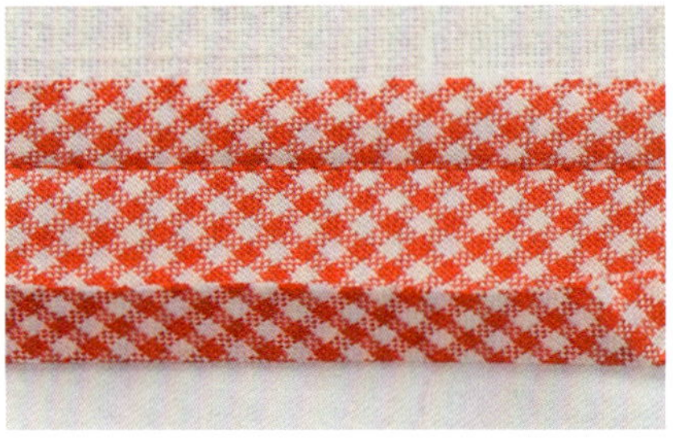

Das Schrägband auffalten und rechts auf links längs bündig an die Stoffkante legen. Die rechte Stoffseite des Schrägbands liegt auf der linken Stoffseite des Kleidungsstücks. In der ersten Falz das Schrägband feststeppen.

Das Schrägband um die Stoffkante herum auf die rechte Stoffseite legen, dabei die noch offene Seite mit einfalten, sodass vier Lagen Schrägband um die Stoffkante herum aufeinanderliegen. Mit Nadeln feststecken. Dabei darauf achten, dass das Schrägband mit den Faltkanten auf beiden Seiten gleichmäßig aufeinanderliegt.

Das Schrägband von der rechten Stoffseite aus knappkantig feststeppen, dabei das Schrägband gleichzeitig auf der linken Seite mit absteppen. Da es für Nähanfänger schwer ist, beide Seiten gleichmäßig abzusteppen, kann hier ein schmaler Zickzackstich helfen, beide Seiten zu treffen. Doch weil das Schrägband bei dieser Methode von der linken Seite bereits festgesteppt ist, kann es sich auch bei nicht gleichmäßigem Absteppen beider Seiten nicht lösen. Es hat rein optische Gründe, dass beide Seiten abgesteppt werden.

BUND MIT GUMMIZUG NÄHEN

Um einen Bund mit Gummizug zu nähen, gibt es zwei Methoden. Das Gummiband kann bereits vor dem Annähen des Bunds eingezogen werden oder im Anschluss durch den fertigen Bund gefädelt werden. Wichtig ist, dass das Gummiband der Breite des Bundes entspricht, damit es sich nicht verdreht.

Zunächst den Bund nähen: Dafür das Schnittteil für den Bund quer mittig rechts auf rechts legen und die kurze Seite zusammensteppen. Anschließend den Bund entlang der eingezeichneten Umbruchlinie links auf links legen.

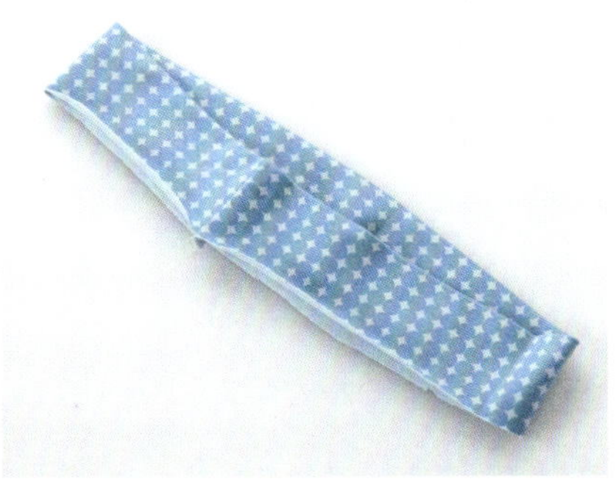

Wenn zusätzlich eine Kordel eingezogen werden soll, müssen hier nun entsprechend der Markierung im Schnittmuster die Knopflöcher genäht bzw. die Ösen eingeschlagen werden.

Variante 1: Gummi in Bund einlegen

Da Gummibänder unterschiedlich elastisch sind, das Gummiband am besten vorher an sich selbst ausprobieren, um herauszufinden, welche Länge es haben soll, damit es bequem zu tragen ist. Als Richtwert kann man 80 Prozent der Bundweite nehmen. Nun die gewünschte Länge zuzüglich 2 cm Nahtzugabe zuschneiden.

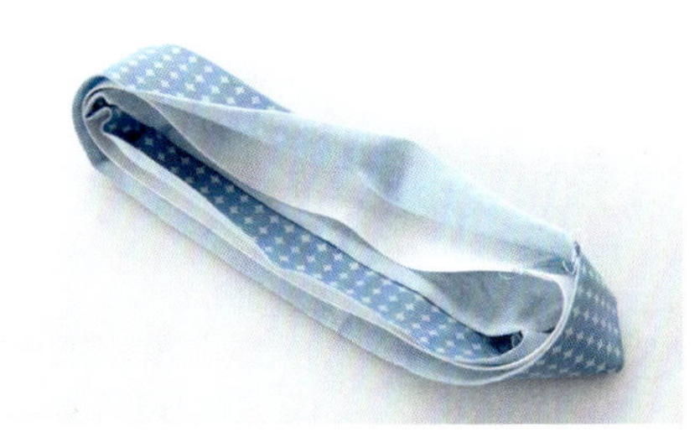

Das Gummiband zum Ring nähen und zwischen die linken Stoffseiten in den gefalteten Bund legen.
Zusätzlich nach Wunsch eine Kordel einziehen und durch die Ösen oder Knopflöcher ziehen.

Den Bund in vier gleichmäßige Abschnitte unterteilen und mithilfe von Stecknadeln markieren. Diese vier Markierungen entsprechen den Seitennähten sowie der Vorderen und Hinteren Mitte. Den Bund nun gleichmäßig gedehnt an das Kleidungsstück nähen. Die Nahtzugabe nach unten legen und knappkantig absteppen.

Variante 2: Gummi durchziehen

Auch hier wieder zunächst den Bund arbeiten und an das Kleidungsstück nähen. Dann das Gummiband passend zuschneiden, allerdings weder zum Kreis nähen noch in den Bund legen.

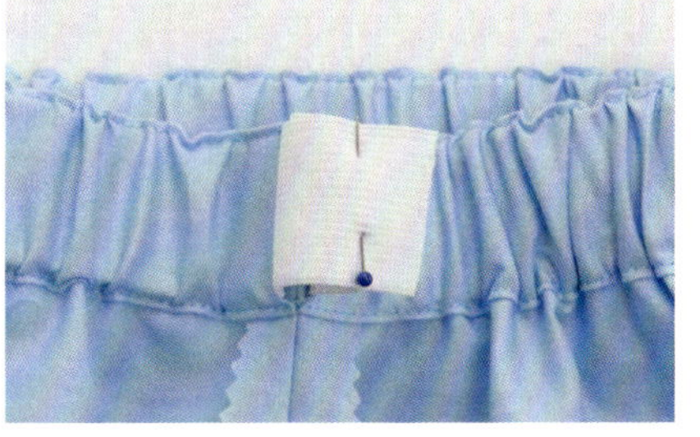

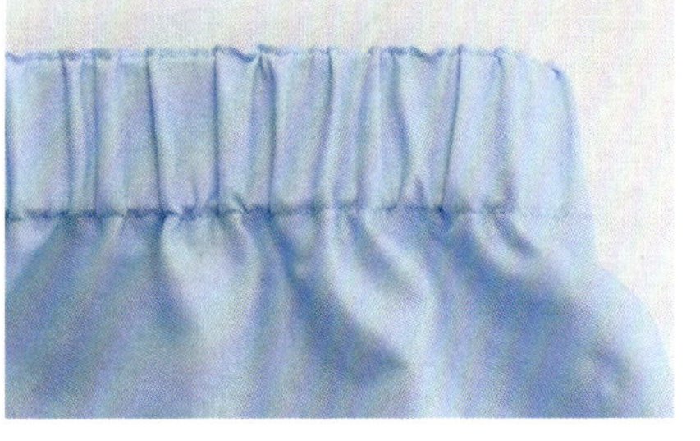

Nach dem Festnähen des Bundes die Naht auf der Innenseite vorsichtig auftrennen. Das Gummiband mithilfe einer Sicherheitsnadel durch diese Öffnung ziehen, dabei darauf achten, dass es sich nicht verdreht.
Die Enden aufeinanderlegen und zusammensteppen. Die Falten rundherum gleichmäßig verteilen. Im Anschluss nach Belieben eine Kordel mithilfe einer Sicherheitsnadel einziehen.
Die Öffnung mit einigen Stichen von Hand schließen.

ACHTUNG: Wenn Ösen eingearbeitet werden, ist es besser, die Kordel im Vorfeld einzuziehen! Es ist nämlich oft schwierig, eine Kordel mithilfe einer Sicherheitsnadel durch Ösen zu ziehen.

TASCHEN

Aufgesetzte Taschen

In diesem Buch werden aufgesetzte Taschen bei der Oversize-Jacke (siehe Seite 76) genäht, sie können aber natürlich auch ganz nach Geschmack auf allen anderen Schnitten als dekoratives Element ergänzt werden.
Um die Rundung sauber hinzubekommen, kann die Tasche mithilfe einer angefertigten Pappschablone genäht werden. Die Pappschablone wird mithilfe des Schnittmusters ohne Nahtzugabe und Umbruchkante zugeschnitten.

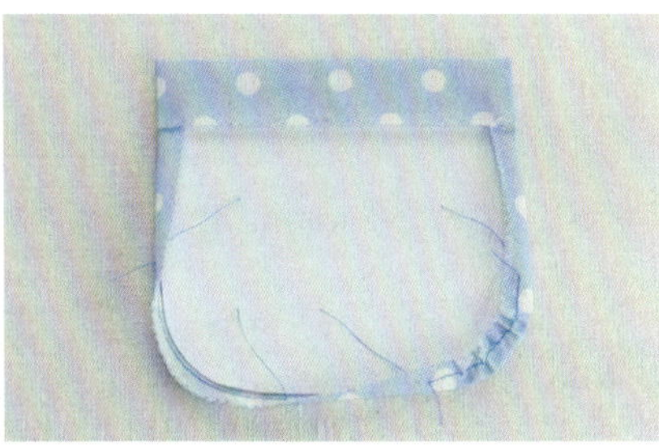

Die Tasche zunächst rundherum versäubern. Im Bereich der Rundungen mit einer langen Kräuselnaht (siehe Kräuseln Seite 127) in der Nahtzugabe nähen, die Fadenenden werden nicht vernäht, sondern bleiben lang.
Dann die Schablone auf die Tasche legen, die Nahtzugabe auf die Schablone falten, die Umbruchkante umklappen. An den Fadenenden die Nahtzugabe so zusammenschieben, dass sie sich sauber und flach um die Rundung legt, eventuell bei dicken Stoffen bis zur Naht einknipsen.
Die Fadenenden verknoten und die Tasche bügeln. Sie kann nun auf das Schnittteil gesteckt und festgesteppt werden.

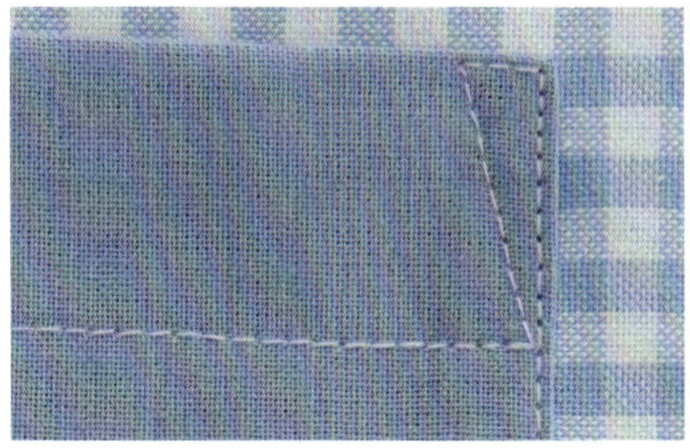

Um ein Ausreißen der Tasche am Eingriff zu verhindern, eignen sich verschiedene Methoden zur Stabilisierung der Naht. Es kann ein diagonaler oder senkrechter Zickzackriegel mit sehr engem und kurzem Stich genäht oder ein spitzzulaufendes Dreieck abgesteppt werden.

Nahttaschen

Die Hosen und der kurze Rock in diesem Buch haben Nahttaschen. Je nachdem, ob sie angeschnitten oder angesetzt sind, unterscheidet sich ihre Verarbeitung ein wenig.
Bei angeschnittenen Nahttaschen wird der Taschenbeutel zusammen mit dem Hosenbein bzw. mit dem Rockteil zugeschnitten.

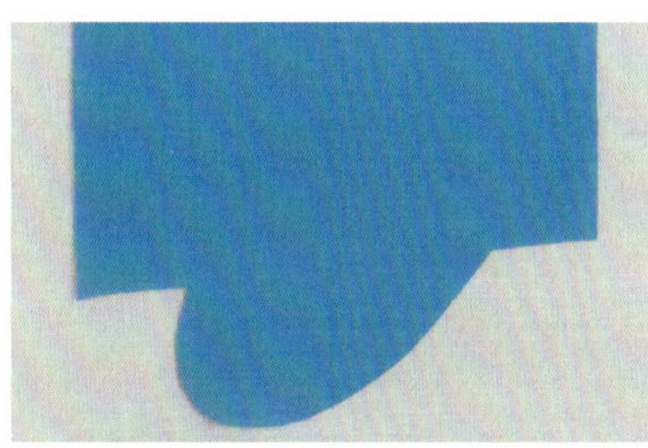

Angesetzte Nahttaschen werden gesondert zugeschnitten und anschließend am Hosenbein bzw. Rockteil angenäht.

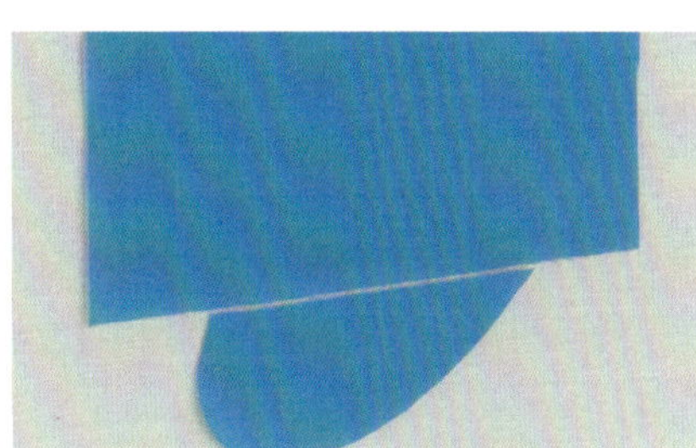

Danach werden beide Taschen weitgehend gleich gearbeitet:
Bei der angeschnittenen Tasche die Nahtzugaben des Vorder- und Rückteils (Hose oder Rock) sowie die Seitenkante des Taschenbeutels versäubern. Bei der angesetzten Tasche entfällt das Versäubern.

Im Bereich des Tascheneingriffs von Vorder- und Rückteil den Stoff mit einem Vlieselinestreifen verstärken. Die Nahtlinie und die Tascheneingriffe auf dem Stoff markieren.

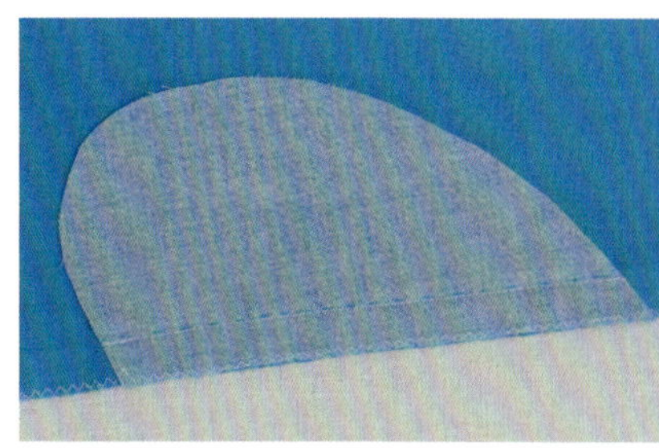

Den Taschenbeutel entsprechend der Markierungen rechts auf rechts auf das Vorderteil legen und entlang der Nahtlinie feststeppen. Anschließend den zweiten Taschenbeutel auf das Rückteil legen und festnähen. Bei der angesetzten Tasche entfällt das Festnähen des Taschenbeutels.

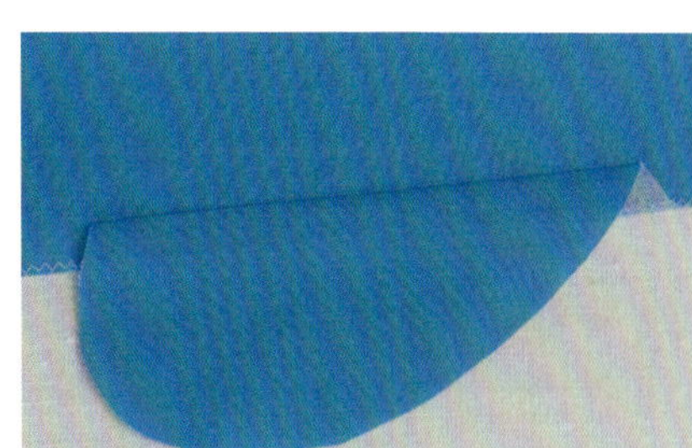

Den Taschenbeutel nach außen bügeln. Bei der angesetzten Tasche ist dies nicht notwendig.

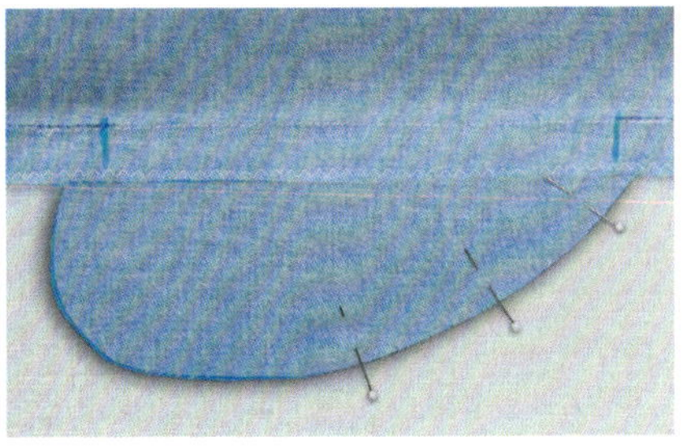

Vorder- und Rückteil rechts auf rechts legen, der Taschenbeutel zeigt nach außen. Die Schnittteile zusammenstecken. Nun das Vorder- und Rückenteil oberhalb und unterhalb der Taschen zusammennähen. Die Naht endet jeweils an den Tascheneingriff-Markierungen. Die Naht sichern.
Bei der angesetzten Tasche nun diagonal oberhalb und unterhalb der Tasche die Nahtzugabe einschneiden und die Seitennähte des Vorder- und Rückenteils einzeln versäubern.

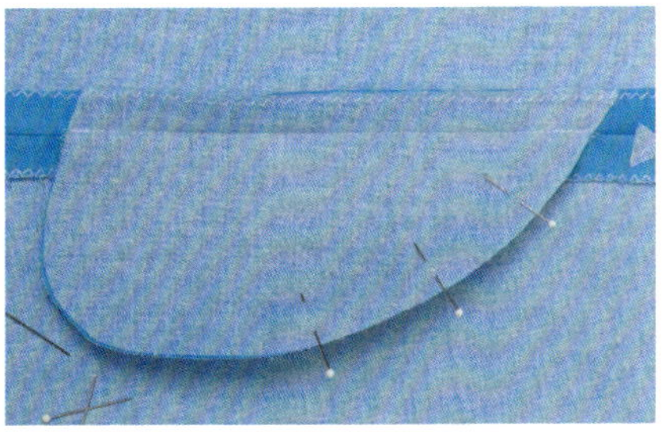

Vorder- und Rückteil auseinanderklappen und die Nahtzugabe der Seitennähte auseinanderbügeln. Den hinteren Taschenbeutel passend auf den vorderen Taschenbeutel legen und die beiden Taschenbeutel vom Nahtende der oberen Seitennaht rundherum um den Taschenbeutel bis zum Nahtanfang der unteren Seitennaht festnähen. Anschließend die Taschenbeutel zusammen versäubern.

ÄRMEL EINSETZEN

Ärmel können auf zwei verschiedene Arten am Kleidungsstück festgenäht werden. Die einfachere Methode, die auch in den Modellanleitungen dieses Buches beschrieben ist, ist der angesetzte Ärmel. Da es in diesem Buch um Basics besonders für Anfänger geht, ist hier keine Mehrweite an der Armkugel enthalten, d.h. der Ärmel muss nicht eingehalten werden. Wichtig ist, immer die Passzeichen an den Schnittteilen zu beachten, damit der Ärmel nicht verkehrt herum festgesteckt wird. Genäht wird immer von der Ärmelseite aus und nicht auf der Kleidungsstückseite.

Angesetzte Ärmel

Beim angesetzten Ärmel wird zunächst die Schulternaht des Vorder- und Rückenteils des Kleidungsstücks geschlossen. Die Ärmel- und die Seitennaht des Kleidungsstücks sind noch offen.

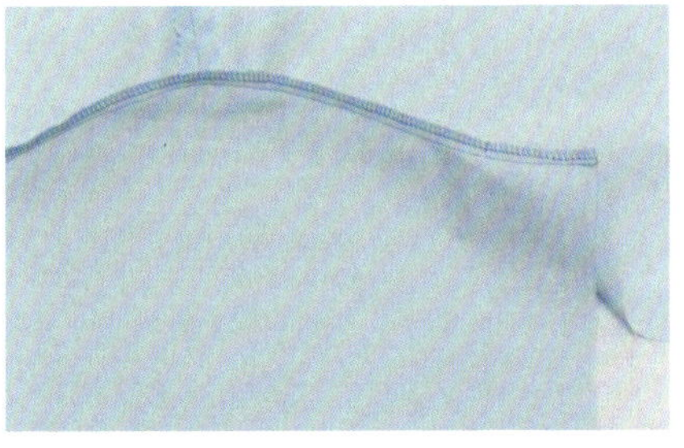

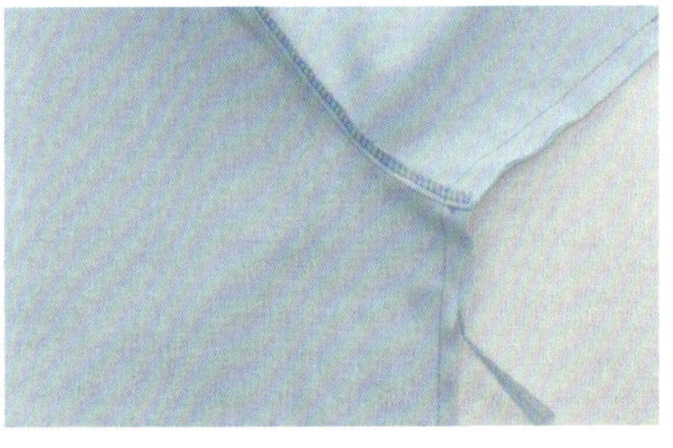

Die Armkugel (der geschwungene Bogen am Ärmel-Schnittteil) rechts auf rechts an den Armausschnitt stecken, dabei die Passzeichen beachten, und feststeppen. Die Nahtzugabe in den Ärmel bügeln. Das Vorder- und Rückenteil rechts auf rechts legen und den Ärmel ebenfalls rechts auf rechts legen. Anschließend die Ärmel- und die Seitennaht in einem Zug schließen.

Eingesetzte Ärmel

Beim eingesetzten Ärmel wird sowohl die Schulternaht als auch die Seitennaht des Vorder- und Rückenteils des Kleidungsstücks geschlossen. Anschließend wird die Ärmelnaht gesondert zusammengesteppt.

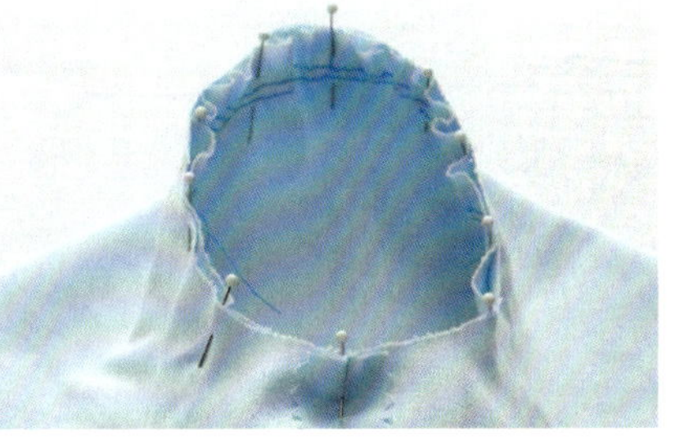

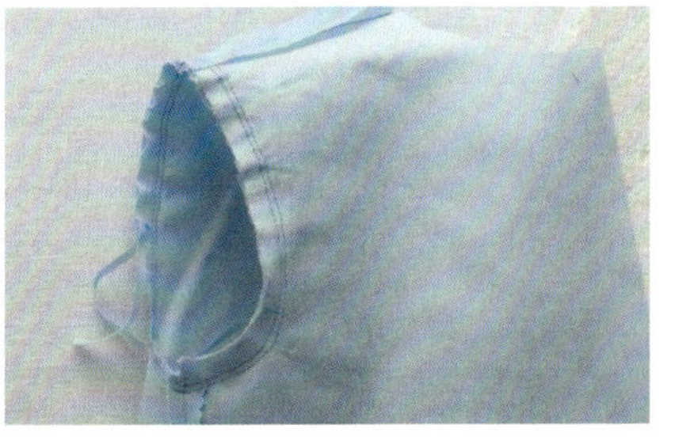

Den Ärmel rechts auf rechts in den Armausschnitt schieben. Die linke Seite des Kleidungsstücks liegt außen. Dabei darauf achten, dass die Passzeichen stimmen und die Seiten- und die Ärmelnaht aufeinandertreffen. Den Ärmel rundherum feststecken.
Anschließend an der Seitennaht beginnend den Ärmel rundherum feststeppen, dabei auf dem Ärmel nähen. Darauf achten, dass keine Fältchen entstehen, gegebenenfalls von Stich zu Stich von Hand korrigieren. Die Nahtzugabe in den Ärmel bügeln.

ÖSEN EINSETZEN

Ösen eignen sich als dekorativer Durchlass für Kordeln und Bänder. Bei vielen Kleidungsstücken oder Taschen wäre es zwar auch möglich, ein Knopfloch mit der Nähmaschine zu nähen und durch dieses eine Kordel oder ein Band zu ziehen, mit einer Öse setzt man aber besondere Akzente.

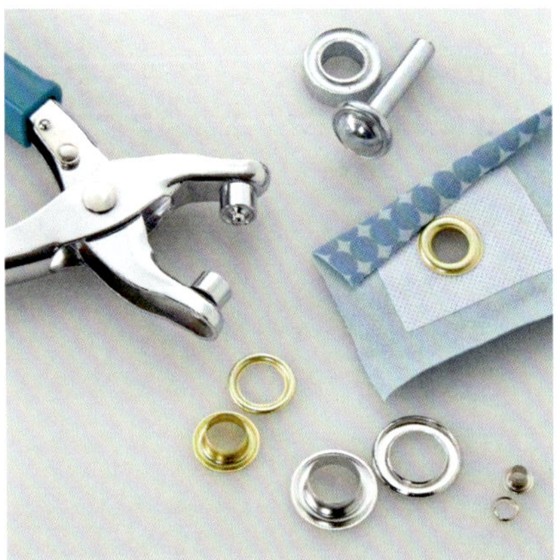

Ösen gibt es in verschiedenen Größen und aus unterschiedlichen Metallen. Deshalb ist es wichtig, darauf zu achten, dass sie rostfrei sind, damit sie insbesondere bei Kleidungsstücken auch mitgewaschen werden können. Beim Anbringen der Ösen sollten einlagige Stoffe unbedingt mit einer Bügeleinlage verstärkt werden, um ein Ausreißen zu verhindern. Ösen, die in mehrlagige Stoffe eingeschlagen werden, benötigen hingegen oftmals keine zusätzliche Verstärkung.
Die Vorgehensweise beim Anbringen der Ösen unterscheidet sich je nach Hersteller und Größe der Öse. Meist wird mit den Ösen ein Einschlagwerkzeug geliefert, mithilfe eines Hammers können die Ösen eingeschlagen werden. Sehr kleine Ösen (unter 5 cm Durchlass) werden meist mit einer speziellen Zange angebracht.

KNOPFLÖCHER UND KNÖPFE

Das Nähen von Knopflöchern und Knöpfen ist für viele Näherinnen eine große Herausforderung. Grundsätzlich werden bei Damenbekleidung die Knopflöcher auf der rechten Seite und die Knöpfe auf der linken Seite gearbeitet (Trageansicht). Ich halte es dabei sehr pragmatisch und nehme auch manchmal einfach die schönere Seite nach oben.

Knopflöcher nähen

In den Schnittmustern ist die Knopf- bzw. Knopflochposition anhand einer durchgehenden senkrechten Linie eingezeichnet. Auf dieser Linie werden auf der einen Vorderteilseite die Knöpfe angebracht.

Auf der anderen Seite des Vorderteils werden auf dieser Linie senkrechte Knopflöcher positioniert, wie etwa bei Blusen mit schmalen Blenden oder Knopfleisten. Die Knopflöcher werden exakt auf der Linie am Vorderteil markiert.

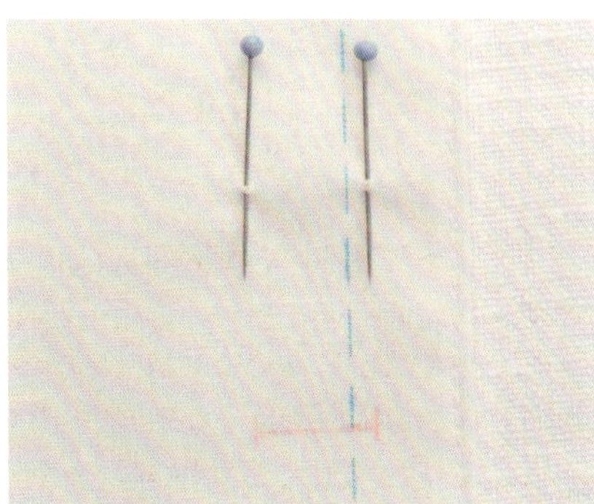

Bei waagerechten Knopflöchern, die bei den meisten Kleidungsstücken genäht werden, wird das Knopfloch so markiert, dass es 2-3 cm über die Linie in Richtung Kante herausragt. Die Markierung erfolgt mit Stecknadeln, Markern oder Heftfäden.

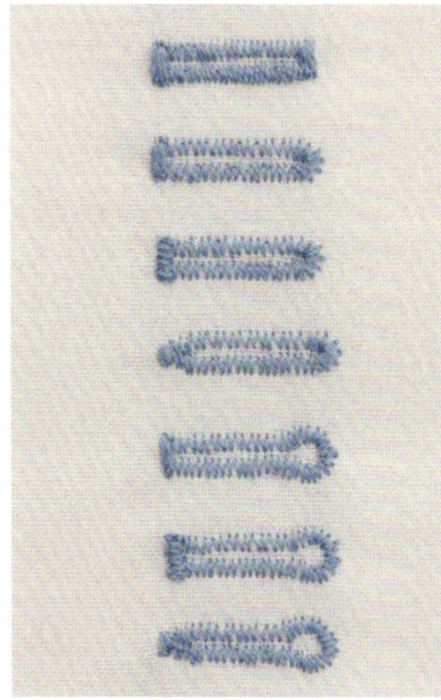

Jede moderne Nähmaschine verfügt über ein oder mehrere Knopflochprogramme, mit deren Hilfe saubere Knopflöcher genäht werden können. Es empfiehlt sich immer, zuvor eine Nähprobe am verwendeten Stoff zu machen. Ein Stück ausreißbares Stickvlies unter dem Nähgut hilft, saubere Knopflöcher zu nähen.

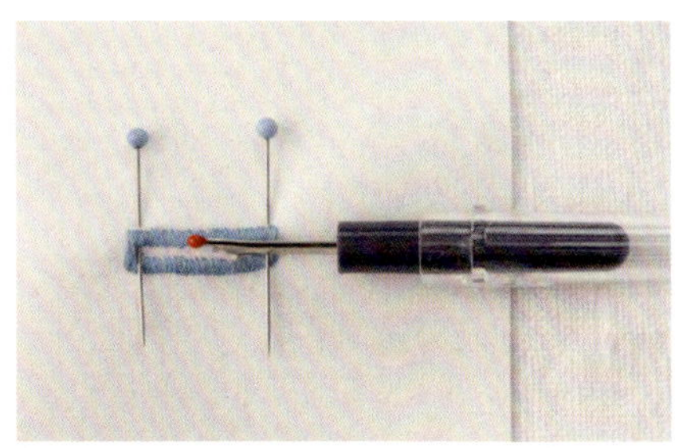

Nach dem Nähen werden die Knopflöcher aufgeschnitten, eine kleine spitze Schere eignet sich dafür am besten. Oft wird aber auch ein Nahttrenner verwendet. Dann immer Stecknadeln vor die Knopflochnähte stecken, um im Falle eines Abrutschens kein großes Loch in den Stoff zu schneiden.

Knöpfe annähen

Um die richtigen Knopfpositionen zu markieren, werden die Knopfleisten so übereinandergelegt, dass die Linien der Knopflochpositionen übereinanderliegen, die Knopflöcher liegen oben. Durch die Knopflöcher mit einer Stecknadel hindurchstechen und auf dem darunterliegenden Stoffteil einstechen. Danach die obere Stofflage vorsichtig anheben und die Einstichstelle mit einem Marker oder Schneiderkreide markieren.
Diesen Vorgang Knopf für Knopf wiederholen, dabei nacheinander erst einen Knopf annähen und zuknöpfen, bevor der nächste markiert wird.

Die Knöpfe von Hand oder falls vorhanden mit dem Knopfprogramm der Maschine annähen.

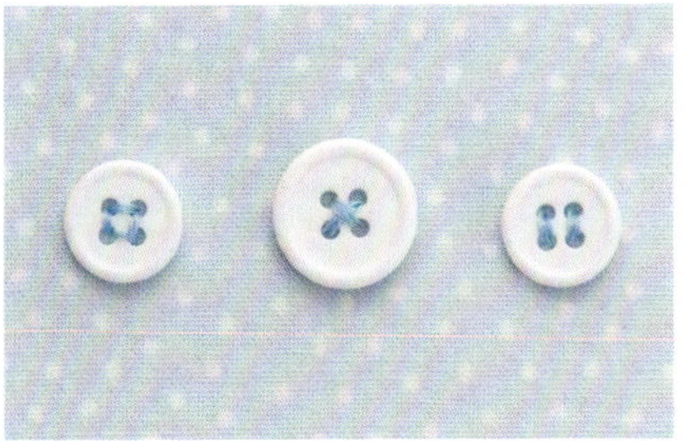

Falls die Nähmaschine kein Knopfprogramm hat, stattdessen aber einen versenkbaren Transporteur, kann auch ein passender Zickzackstich mit einer Stichlänge von 0 zum Annähen verwendet werden. Dann nicht mit dem Fußpedal, sondern mit dem Handrad Stich für Stich nähen.

SCHLINGENVERSCHLUSS

Der Schlingenverschluss wird bei den Modellen in diesem Buch als zarter, dekorativer Verschluss am Halsausschnitt verwendet. Dafür wird ein feines Band zur Schlinge gelegt, zwischen Oberstoff und Beleg geschoben und festgenäht.

Um die richtige Schlingenlänge zu bestimmen, zunächst die Nahtlinie auf dem Oberstoff markieren (rechts davon ist die Nahtzugabe). Auf die Nahtlinie einen Knopf nach Wahl positionieren und das Schlingenband darumlegen. Die überstehenden Enden abschneiden.

Nun die gewünschte Anzahl der Schlingen in passender Größe und passendem Abstand legen und feststecken. Wer mag, kann die Schlingen zusätzlich mit einem Klebeband fixieren, damit sie nicht verrutschen.

Anschließend den Beleg feststeppen (siehe Belege nähen, Seite 127). Der Beleg wird auf die linke Stoffseite umgebügelt und die Schlingenverschlüsse stehen über die Stoffkante vor. Auf der gegenüberliegenden Seite kann nun der Knopf befestigt werden.

NAHTVERDECKTER REISSVERSCHLUSS

Der nahtverdeckte Reißverschluss wird bei einigen Kleidermodellen in diesem Buch eingesetzt. Dafür sollte ein feiner, nicht teilbarer Reißverschluss aus Kunststoff verwendet werden. Ein Endlos-Reißverschluss ist grundsätzlich auch möglich, dann sollte jedoch ein Querriegel über die Zähnchen genäht werden, um ein Herausrutschen des Zippers zu verhindern.

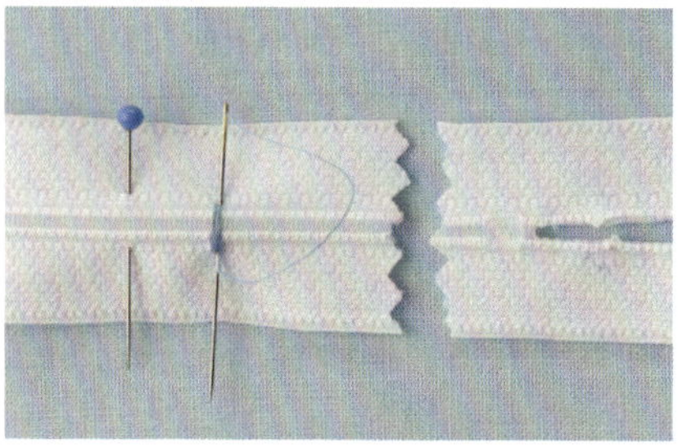

Es empfiehlt sich, an Seitennähten, in die ein Reißverschluss eingesetzt werden soll, beim Zuschnitt eine breitere Nahtzugabe hinzuzugeben. Dann lässt sich der Reißverschluss leichter einnähen.

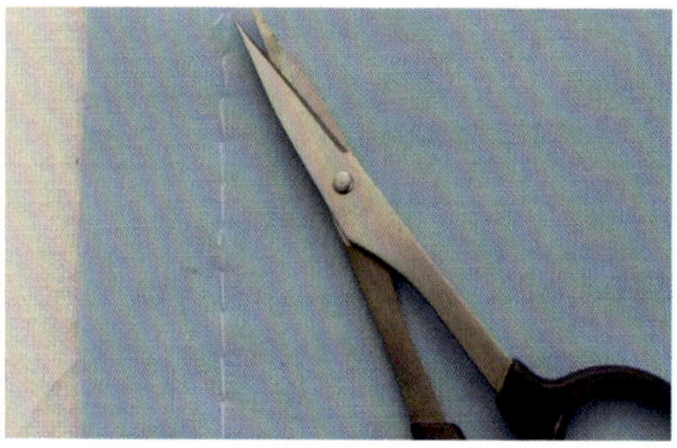

Um den Reißverschluss in die Seitennaht des Kleides zu nähen, die Seitennaht zunächst bis zur Markierung für den Reißverschluss zusammensteppen und das Ende der Naht jeweils sichern. Die Seitennaht im Bereich der Reißverschluss-Markierung mit einer Heftnaht fortführen, dazu den längst möglichen Stich der Nähmaschine wählen. Damit sich die Heftnaht später leichter öffnen lässt, können im Abstand von 4–5 cm einzelne Stiche aufgeschnitten werden.

Die Nahtzugabe auf jeder Seite mit der gewünschten Versäuberungsmethode (siehe Seite 124) versäubern und auseinanderbügeln.
Um das Einnähen des Reißverschlusses zu erleichtern, kann auf die Seiten des Reißverschlussbandes ein schmales Fixierband geklebt werden. So verrutscht der Reißverschluss nicht.

Den geschlossenen Reißverschluss auf die Nahtzugabe kleben oder mit Nadeln feststecken. Der Reißverschluss liegt nun mit den Zähnchen exakt auf der Heftnaht, der Zipper zeigt nach unten.

Nun auf der rechten Stoffseite mit einem Abstand von 5–6 mm zur Heftnaht (je nach Zähnchenbreite) den Reißverschluss mithilfe des Reißverschluss-Nähfußes feststeppen. Dabei am Anfang und am Ende des Reißverschlusses quer über den Reißverschluss nähen. Der Reißverschluss-Nähfuß ist deshalb wichtig, weil die Nadel durch seine Form am Zipper vorbeinäht.
Anschließend vorsichtig die Heftfäden herausziehen.

SCHMALE BÄNDER NÄHEN

Schmale Bänder kommen in diesem Buch bei den Spaghettiträgern (siehe Seite 16 und 40) und bei den Bommelbändern (siehe Seite 22) zum Einsatz.

Hierfür die Streifen längs rechts auf rechts falten und zusammensteppen. Die Nahtzugabe ein Stückchen einkürzen. Mithilfe einer Wendenadel den Stoffstreifen wenden. Der Streifen kann nun so gebügelt werden, dass die Naht seitlich oder verdeckt auf der Rückseite liegt.
Wer keine Wendenadel zur Hand hat, faltet den Stoff wie bei der Methode „Mit Schrägband einfassen" (siehe Seite 128), sodass die vier Lagen des Schrägbands aufeinanderliegen. Dann die offene Kante von rechts schließen.

VERSTELLBARE TRÄGER NÄHEN

Zum Nähen von verstellbaren Trägern bietet der Handel BH-Zubehör an, das aus einem Ring und einer Schnalle pro Träger besteht. Die Träger werden zunächst nach der Methode „Schmale Bänder nähen" (siehe oben) genäht.

Dann wird der kurze Träger doppelt gelegt, der Ring eingefädelt und der Träger an der Rückseite des Kleidungsstücks so festgenäht, dass die Schlaufe nach unten zeigt und die Enden nach oben.
Auf den langen Träger wird die Schnalle geschoben. Das Trägerende wird von oben durch den Ring gefädelt und zurück zur Schnalle gezogen.
Nun wird das Trägerende von unten in den hinteren Teil der Schnalle gefädelt, über den Steg gezogen und durch das vordere Schnallenteil 2 bis 3 cm wieder herausgezogen. Es liegen nun zwei Trägerlagen übereinander in der Schnalle. Das Trägerende wird mit einigen Stichen auf der unteren Trägerlage fixiert.
Den langen Träger am Vorderteil so in der Nahtzugabe fixieren, dass das Ende nach oben zeigt.

PASPELN NÄHEN

Paspeln sind eine schöne Möglichkeit, dekorative Akzente zu setzen. Sie betonen Nähte, unterstreichen die Schnittführung und verleihen Kleidungsstücken eine edle Note. Paspelband bekommt man fertig im Handel in vielen verschiedenen Farben, es wird zwischen zwei Stofflagen genäht.

Das Paspelband mit der flachen Seite bündig an die Außenkante der rechten Stoffseite des Schnittteils legen. Wer keinen speziellen Paspelfuß für die Nähmaschine besitzt, verwendet den Reißverschlussfuß und steppt das Paspelband knapp neben dem Paspelbändchen fest. In Rundungen kann das Paspelband vorsichtig eingeschnitten werden, damit es sich besser um die Rundung legt.

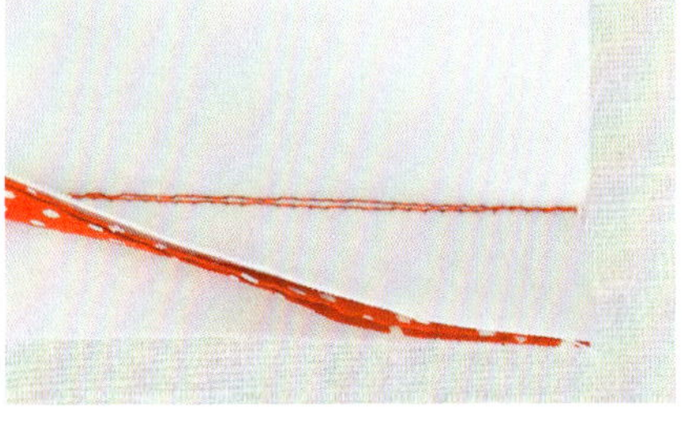

Danach das zweite Schnittteil rechts auf rechts auf das erste Schnittteil legen. Die Paspel liegt nun zwischen den beiden Stofflagen. Beim Nähen sollte das Schnittteil oben liegen, an dem die Paspel bereits fixiert ist. So kann man sich an der Naht orientieren und näht ganz knapp zwischen Paspelbändchen und zuvor genähter Naht.
Anschließend die Stofflagen aufklappen und die Nahtzugabe auf die gewünschte Seite bügeln. Die Paspel kann nun knappkantig abgesteppt werden, sodass die Nahtzugabe mit festgesteppt wird.

GRUNDMODELLE NÄHEN

Im Folgenden wird die grundlegende Herangehensweise beim Nähen von Oberteilen, Kleidern und Handtaschen erklärt. Je nach Modell sind weitere Arbeitsschritte dazwischen notwendig.

OBERTEILE UND KLEIDER

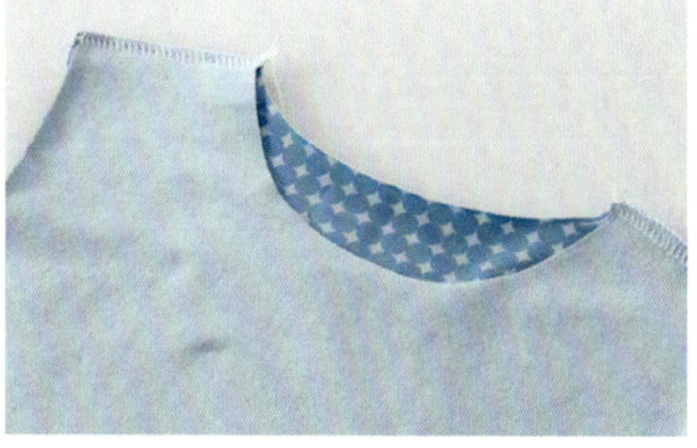

Zunächst das Vorder- und das Rückenteil an den Schultern bündig rechts auf rechts aufeinanderlegen und die Schulternähte zusammennähen.

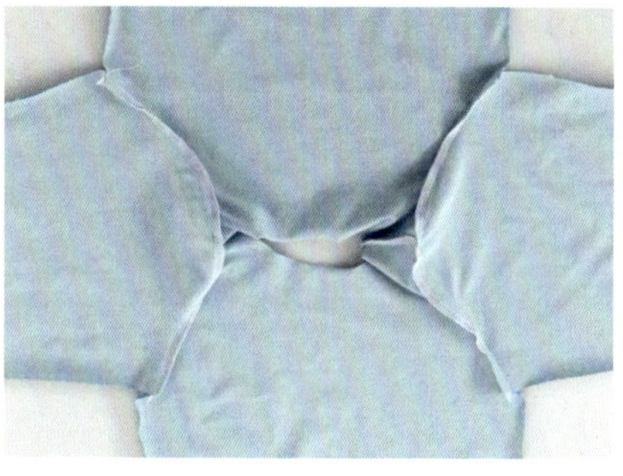

Anschließend die Ärmel rechts auf rechts in die Armöffnungen einsetzen und annähen. Hier ist es wichtig zu wissen, dass die Armkugel (der obere geschwungene Bogen beim Ärmel-Schnittteil) bei vielen Schnitten nicht symmetrisch geschnitten ist. Deshalb muss man unbedingt darauf achten, wo vorne und hinten ist. Um den Ärmel richtig einzusetzen, müssen die Passzeichen, also die kleinen Striche an der Armkugel, beachtet werden. Ein Passzeichen befindet sich am Armausschnitt der Vorderseite, an dieser Stelle müssen Armkugel und Armausschnitt aufeinandertreffen. Der Scheitelpunkt der Armkugel trifft auf die Schulternaht (siehe Ärmel einsetzen Seite 131).

Dann das Vorder- und Rückenteil rechts auf rechts aufeinanderlegen, die Säume liegen bündig, die Ärmel sind zur Hälfte gefaltet. Nun die Seitennähte in einem Zug von der Ärmelunterkante bis zum Saum schließen.

HOSEN

Die Hosen in diesem Buch bestehen jeweils aus einer Vorder- und einer Hinterhose je Hosenbein. Die Hinterhose ist dabei breiter als die Vorderhose.

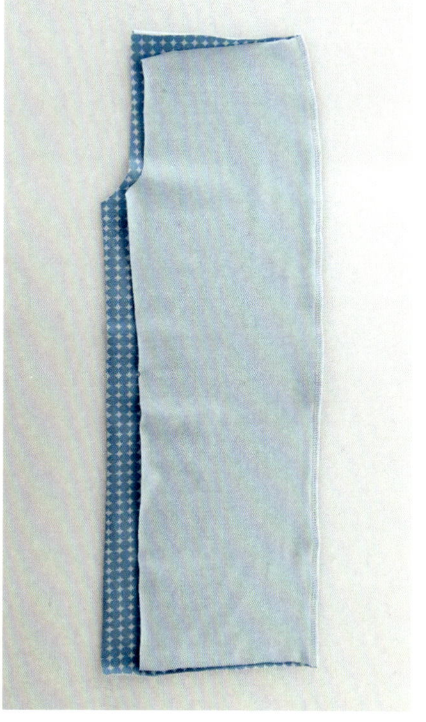

Je Hosenbein zunächst Vorder- und Hinterhose an der langen Außenseite bündig rechts auf rechts aufeinanderlegen und die Außenbeinnaht schließen.
Die Hosenbeine auseinanderklappen und beide genähten Hosenbeine rechts auf rechts legen. Anschließend die Schrittnaht auf beiden Seiten zusammennähen.

Die Hosen so wenden, dass die Hosenbeine der Vorder- und Hinterhose rechts auf rechts liegen und die zuvor genähten Schrittnähte aufeinandertreffen. Nun die Innenbeinnaht vom einen Fuß, zum Schritt bis zum anderen Fuß in einem Zug zusammennähen.

HANDTASCHEN

Zunächst die beiden Außentaschen-Seiten rechts auf rechts legen und die Seiten sowie die Unterkante zusammensteppen. Die beiden ausgesparten Ecken bleiben noch offen.
Dann die Außentasche so auseinanderziehen, dass die Naht der Seite auf die Naht der Unterkante trifft, und quer über die Öffnung steppen. Die Nahtzugaben einkürzen.
Auf die gleiche Weise die Innentasche nähen, hier jedoch gemäß der jeweiligen Modellanleitung an der Unterkante unbedingt eine Wendeöffnung lassen.

Anschließend die Außentasche rechts auf rechts in die Innentasche stecken und die Öffnung rundherum zusammennähen. Am leichtesten lässt sich die Taschen ineinanderstecken, wenn die Innentasche noch auf links liegt, während die Außentasche bereits auf rechts gewendet wurde.

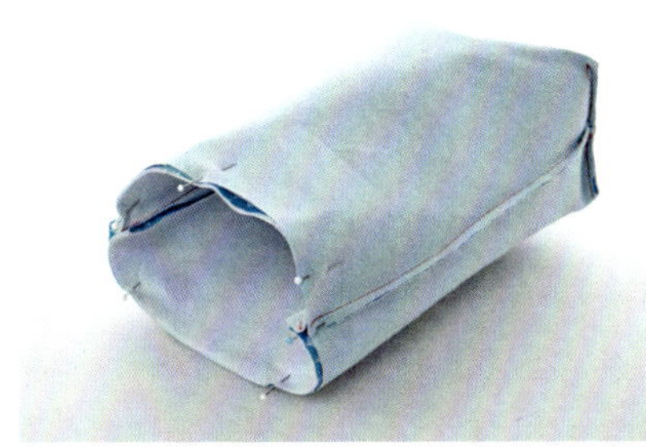

Je nach Modell sind weitere Zwischenschritte notwendig.

LEXIKON

Absteppen
Nähen entlang einer Kante oder einer Naht meist auf der rechten Stoffseite, um beispielsweise die Nahtzugabe festzusteppen oder eine Naht zu stabilisieren, oder zum Verzieren.

Armausschnitt
Der ausgesparte Teil am Oberteil, in das der Ärmel eingesetzt wird.

Armkugel
Der obere geschwungene Bogen am Ärmel-Schnittteil.

Doppelte Stofflage
Wird der Stoff beim Zuschneiden rechts auf rechts doppelt gelegt, also in doppelter Stofflage zugeschnitten, erhält man direkt gespiegelte Schnittteile, z. B. rechte und linke Ärmel oder Hosenbeine.

Fadenlauf
Der Fadenlauf entspricht der Richtung der Kettfäden, d. h. er verläuft parallel zur Webkante des Stoffs. Die Einhaltung des Fadenlaufs ist wichtig für den Fall oder eine gewünschte Musterrichtung. Auf den Schnittteilen ist die Richtung des Fadenlaufs eingezeichnet.

Füßchenbreit
Füßchenbreit nähen bedeutet, dass die Naht der halben Breite des Nähfußes entspricht. Die Nadel befindet sich dabei in mittiger Position und der Nähfuß wird direkt entlang der Kante geführt. Auf diese Weise wird ein gleichmäßiger Kantenabstand von 0,7 cm (je nach Nähfuß) erreicht.

Hintere Mitte
Die Hintere Mitte bezeichnet die Mittellinie an der Rückseite des Kleidungsstückes. Die Hintere Mitte an einem Oberteil verläuft entlang der Wirbelsäule. Die Hintere Mitte an einer Hose ist an der rückwärtigen Schrittnaht in Verlängerung der Wirbelsäule. Sie lässt sich durch symmetrisches Falten des Kleidungsstückes ermitteln.

Linke Stoffseite
Die Rückseite des Stoffs, die später nach innen zeigt. Bei bedruckten Stoffen ist dies die Seite, auf der kein Druck ist.

Links auf links (l-a-l)
Eine Art, den Stoff zusammenzulegen, wobei die linken Seiten oder Unterseiten/unbedruckten Seiten des Stoffes aufeinanderliegen.

Musterverlauf/Stoffmuster
Gemusterte Stoffe haben einen Musterverlauf, sie sind entweder in eine Richtung ausgerichtet oder ungerichtet. Beim Zuschnitt sollte darauf geachtet werden, dass ein Muster später nicht auf dem Kopf steht, bei ungerichteten Mustern spielt es meist keine Rolle, wie herum sie zugeschnitten werden. Beim Aneinandernähen zweier Stoffteile sieht es schöner aus, wenn kein Versatz entsteht. An manchen Stellen lässt sich das nicht vermeiden, aber beispielsweise an den Seitennähten bei Hosen oder Oberteilen ist ein durchgehendes Muster schöner, das vom einen Schnittteil durchgehend zum anderen läuft. Wenn auf das Muster beim Zuschnitt geachtet wird, kann sich der Stoffverbrauch erhöhen, da ein Schnittteil eventuell mit mehr Abstand zur Kante zugeschnitten wird, wodurch mehr Ausschuss produziert wird.

Nähfußdruck
Der Druck, den der Nähfuß nach unten auf den Stoff ausübt. Bei den meisten Nähmaschinen einstellbar.

Nahtzugabe (NZG)
Damit zwei oder mehr Schnittteile zusammengenäht werden können, wird die sogenannte Nahtzugabe benötigt. Die Nahtzugabe ist ein Stück überstehender Stoff außerhalb der Nahtlinie, sie wird zum Schnittmuster hinzugegeben. Die Breite kann individuell gewählt werden, in der Regel wird eine Nahtzugabe zwischen 0,5 und 1,5 cm hinzugegeben.

Oberfaden

Der Oberfaden wird von der Garnrolle, die oben auf der Nähmaschine sitzt, vernäht und ist auf der rechten Stoffseite sichtbar.

Passzeichen

Kleine Striche auf dem Schnittmuster, die anzeigen, an welcher Stelle zwei Schnittteile aufeinandertreffen, damit sie nicht verkehrt herum angenäht werden.

Rechte Stoffseite

Die „schöne" Stoffseite, die später nach außen zeigt. Bei bedruckten Stoffen ist dies die Seite mit dem Druck.

Rechts auf rechts (r-a-r)

Eine Art, den Stoff zusammenzulegen, wobei die rechten Seiten oder Oberseiten/bedruckten Seiten des Stoffes aufeinanderliegen.

Saumzugabe

Die Zugabe am Stoff, die zusätzlich benötigt wird, um einen Saum als Abschluss des Kleidungsstückes (Ärmel bzw. Unterkante Bluse, Kleid Hose, Rock) zu nähen. Dabei empfehlen sich unterschiedliche Saumbreiten, die nach innen umgeschlagen und danach sorgfältig festgesteppt werden.

Scheitelpunkt

Jeweils der höchste Punkt an einem Schnittteil.

Schrägband

Ein Stoffstreifen, der bereits dreifach vorgefalzt ist, wodurch die offenen Seitenkanten im Inneren liegen und ohne weitere Vorbereitung zum Versäubern von Kanten aber auch anderweitig verwendet werden kann.

Stoffbruch (Bruch)

Symmetrische Schnittteile wie z. B. Vorder- oder Rückenteile werden im Stoffbruch zugeschnitten. Dafür wird der Stoff entlang des Fadenlaufs rechts auf rechts gefaltet und das Schnittteil mit der im Schnittmuster bezeichneten Bruchkante direkt an den Stoffbruch gelegt, hier wird keine Nahtzugabe hinzugegeben.

Umbruch

Die Umbruchkante bezeichnet die Linie, an der ein Schnittteil links auf links umgelegt wird, um es so anzunähen. Während der Bruch meist nur für den Zuschnitt wichtig ist, muss der Umbruch auch beim Nähen beachtet werden.

Unterfaden

Der Unterfaden wird von der Garnspule, die unten in die Nähmaschine eingesetzt ist, vernäht und ist auf der linken Stoffseite sichtbar.

Vordere Mitte

Die Vordere Mitte bezeichnet die Mittellinie an der Vorderseite des Kleidungsstückes. Die Vordere Mitte an einem Oberteil verläuft entlang der gedachten Linie vom Kinn über den Bauchnabel. Die Vordere Mitte an einer Hose liegt an der vorderen Schrittnaht. Ebenso wie bei der hinteren Mitte wird die Vordere Mitte durch symmetrisches Falten des Kleidungsstücks ermittelt.

Wendeöffnung

Die Wendeöffnung ist eine Unterbrechung einer Naht mit dem Zweck, durch diese später das auf links genähte Teil auf rechts zu wenden. Die Wendeöffnung muss anschließend separat geschlossen werden und wird möglichst an nicht prominenter Stelle platziert (z. B. im Inneren einer Tasche).

DANK

Vor vielen Jahren habe ich mit der Gründung meines Schnittmuster-Labels lillesol & pelle meinen Traum vom kreativen Arbeiten verwirklicht. Ich hätte mir damals nicht vorstellen können, dass ich eines Tages nicht nur Schnittmuster in digitaler Form und als Papierschnitt anbieten kann, sondern auch eigene Bücher schreiben werde. Nun ist mit „Basics aus Webware nähen" bereits mein drittes eigenes Buch erschienen. Und wie bereits bei den Büchern zuvor, hat auch dieses Buch sehr viel Zeit, Arbeit und Energie gefordert.
Ich möchte daher vor allem meinem Mann und meinen drei wundervollen Töchtern danken, dass es sie in meinem Leben gibt und sie Verständnis haben, wenn sich Stoffberge stapeln und ich in meiner Arbeit manchmal zu sehr vertieft bin. Meinem Mann danke ich für das Kraft geben, wenn es zu viel wird und meinen Mädchen für das Strahlen, wenn sie sich über neue genähte Kleidung freuen.
Ich danke meiner Mutter, dass sie mir ihre Kreativität und das Geschick zu Nähen vererbt hat und meinem Vater, dass er mich gelehrt hat, wie man selbstständig arbeitet. Meine Familie hat den größten Anteil daran, dass ich heute so arbeiten darf, wie ich es mir erträumt habe.

Ich danke meinem Probenähteam für die tolle Zusammenarbeit und das Feedback, das maßgeblich zum Gelingen der Schnittmuster beigetragen hat. Ich bin so glücklich über die vielen schönen Fotos und die damit verbundene Mühe und dass sie auch kurzfristig immer nochmal eingesprungen sind und neu genäht haben. Ganz besonders danke ich natürlich meinem Schnittbüro, mit dem ich seit Jahren zusammenarbeite und all die vielen schönen Schnittmuster gemeinsam verwirklicht habe.

Ein herzliches Dankeschön gilt auch dem frechverlag, dass sie das neue 360°-Konzept erstmalig gemeinsam mit mir in diesem Buch umsetzen. Danke auch an Michael Ruder für die zwei spannenden Fotoshooting-Tage und die tollen Fotos. Ein ganz besonderes Dankeschön geht aber an meine Lektorin Claudia Mack für die tolle Zusammenarbeit, immer wieder neue Ideen und die viele Arbeit, die sie in das Buch gesteckt hat.

Besonders möchte ich den Firmen danken, die mich mit ihren wundervollen Stoffen und Materialien ausgestattet haben, um die Modelle aus dem Buch zu nähen:
Swafing
Stoff & Stil
Snaply
Hilco

Und ich danke den Designerinnen, mit denen ich schon in den vergangen Jahren viel zusammengearbeitet habe, für ihre wunderschönen Designs, die immer wieder das Herz höher hüpfen lassen, beim Vernähen der Stoffe:
Susanne Firmenich (Hamburger Liebe)
Sandra Prüßmeier (Lila-Lotta)
Andrea Müller (Jolijou)

Zum Schluss möchte ich meinen Kunden und Kundinnen von lillesol & pelle und allen Followern meines Blogs und der dazugehörigen Social-Media-Kanäle für ihre Treue und die vielen lieben Nachrichten und Kommentare in den ganzen Jahren danken. Ihr seid eine so wundervolle Näh-Community, die das Internet bunt und inspirierend macht.
Und wer bisher online noch nicht so aktiv war, dem empfehle ich von meinem Blog www.lillesolundpelle.com aus, sich mal durch die Online-Nähwelt treiben zu lassen.

S.28 miss mifefe

S.36 KaRO

S.64 krötenkrempel

S.36 nähhaus

S.64 Mones Atelier

S.56 Kitz und Kautz

S.64 KaRO

S.16,64 MIAS Abenteuerland

DESIGN-BEISPIELE MEINES PROBENÄH-TEAMS

S.40 lariundfari

S.80 Kathis Nähwelt

S.52 nähhaus

S.36 Ranelabel

S.60 Pfützenhüpfer

Buchempfehlungen für Sie

ISBN 978-3-7724-6467-6

ISBN 978-3-7724-8143-7

ISBN 978-3-7724-4860-7

ISBN 978-3-7724-8146-8

ISBN 978-3-7724-8142-0

ISBN 978-3-7724-4813-3

ISBN 978-3-7724-7896-3

ISBN 978-3-7724-8131-4

ISBN 978-3-7724-4841-6

ISBN 978-3-7724-8125-3

ISBN 978-3-7724-8124-6

ISBN 978-3-7724-8135-2

Weitere Ideen zum Selbermachen gesucht?

Lieblingsstücke von einfach bis einfach genial finden Sie bei TOPP! Lassen Sie sich auf unserer Verlagswebsite, per Newsletter oder in den sozialen Netzwerken von unserer Vielfalt inspirieren!

Website

Verlockend: Welcher Kreativratgeber soll es für Sie sein? Schauen Sie doch auf **www.TOPP-kreativ.de** vorbei & stöbern Sie durch die neusten Hits der Saison!

TOPP-Autoren

Sie wollen wissen, wer die „Macher" unserer Bücher sind? Wer Ihnen nützliche Tipps & Tricks gibt? Auf **www.TOPP-kreativ.de/Autor** warten jede Menge spannender Infos zum jeweiligen Autor auf Sie. Finden Sie heraus, welches Gesicht hinter Ihrem Lieblingsbuch steckt!

Facebook

Werden Sie Teil unserer Community & erhalten Sie brandaktuelle Informationen rund ums Handarbeiten auf **www.Facebook.com/Mitstrickzentrale**

Wer sich für Basteln, Bauen, Verzieren & Dekorieren interessiert, ist auf **www.Facebook.com/Bastelzentrale** genau richtig!

Pinterest

Sie sind auf der Jagd nach den neusten Trends? Sie suchen die besten Kniffe? Die schönsten DIY-Ideen? All das & noch vieles mehr gibt es von TOPP auf **www.Pinterest.com/Frechverlag**

Newsletter

Bunt, fröhlich & überraschend: Das ist der TOPP-Newsletter! Melden Sie sich unter: **www. TOPP-kreativ.de/Newsletter** an & wir halten Sie regelmäßig mit Tipps & Inspirationen über Ihr Lieblingshobby auf dem Laufenden!

Extras zum Download in der Digitalen Bibliothek

Viele unserer Bücher enthalten digitale Extras: Tutorial-Videos, Vorlagen zum Downloaden, Printables & vieles mehr. Dieses Buch auch? Dann schauen Sie im Impressum des Buches nach. Sofern ein Freischaltcode dort abgebildet ist, geben Sie diesen unter **www.TOPP-kreativ.de/DigiBib** ein. Nach erfolgreicher Registrierung erhalten Sie Zugang zur digitalen Bibliothek & können sofort loslegen.

YouTube

Sie wollen eine ganz neue Technik ausprobieren? Sie arbeiten an einem spannenden Projekt, aber wissen nicht weiter? Unsere Tutorials, Werbetrailer, Interviews & Making Of's auf **www.YouTube.com/Frechverlag** helfen Ihnen garantiert dabei, den passenden Ratgeber von TOPP zu finden.

Instagram

Sie sind auf Instagram unterwegs? Super, TOPP auch. Folgen Sie uns! Sie finden uns auf **www.Instagram.com/Frechverlag**

Möchten Sie uns an Ihrem Lieblingsprojekt teilhaben lassen? Am besten posten Sie gleich ein Foto mit dem Hashtag **#frechverlag** & wir stellen Ihr Werk gerne unserer Community vor – yeah!

Alles in einer Hand gibt's hier:

Kreativ-Bücher finden Sie auf www.TOPP-kreativ.de

Julia Korff

Nach der Geburt ihrer ältesten Tochter gründete Julia Korff 2009 ihr Label lillesol & pelle und hängte ihren Job als Betriebswirtin im Verlagswesen an den Nagel, um ihre Leidenschaft, das Erstellen von Schnittmustern und Anleitungen, mit anderen Nähbegeisterten zu teilen. Heute sind in ihrem Shop weit über 100 Schnittmuster als E-Books zum Sofort-Download sowie Papierschnittmuster bei vielen Stoffhändlern in Deutschland, Österreich und der Schweiz erhältlich. Besonders beliebt sind die Schnittmuster aufgrund ihrer umfangreichen Schritt-für-Schritt-Fotoanleitungen, die auch Nähanfängern zu ersten Erfolgen verhelfen.
Auf ihrer Website finden sich zusätzlich viele detaillierte Foto- und Video-Tutorials rund um das Nähen, die beliebte Themen-Reihe „LexiNÄHkon" beantwortet viele Fragen für Anfänger und Fortgeschrittene. Laufend werden im Blog Designbeispiele zu ihren Schnittmustern gezeigt, um andere Nähbegeisterte zu inspirieren. Ergänzend zu diesem Buch finden sich auf der Website auch weitere Tutorials: www.lillesolundpelle.com.
Julia Korff ist verheiratet und lebt mit ihren drei Töchtern am Stadtrand von Hamburg.

Abkürzungen

l-a-l = links auf links

NZG = Nahtzugabe

r-a-r = rechts auf rechts

Hilfestellung zu allen Fragen, die Materialien und Kreativbücher betreffen: Frau Erika Noll berät Sie. Rufen Sie an: 05052/911858*

*normale Telefongebühren

Impressum

DER CODE ZUM FREISCHALTEN DER VIDEOS LAUTET: 17524

FOTOS: frechverlag GmbH, Turbinenstraße 7, 70499 Stuttgart; privat (Seite 4, 11, 15, 19, 23, 27, 31, 35, 39, 43, 47, 51, 55, 59, 63, 67, 71, 75, 79, 83, 87, 94-99, 141, 144, 145); Julia Korff (S. 103 – 106); lichtpunkt GmbH, Michel Ruder (alle übrigen)

KONZEPT UND PRODUKTMANAGEMENT: Claudia Mack

Illustrationen: Schwab Illustrationen, Haselund

LEKTORAT: no:vum, Susanne Noll, Hennef

LAYOUT: Petra Theilfarth

DRUCK UND BINDUNG: Neografia, Slowakei

3. Auflage 2021

ISBN 978-3-7724-8145-1 • Best.-Nr. 8145

S.36 | krötenkrempel

S.64 | Hinta Palinta

S.24 | nähhaus

S.48 | Helene Schneider

S.16 | lariundfari

S.36 | MIAS Abenteuerland

S.68 | KaRO

S.28 | Kitz und Kautz

DESIGN-BEISPIELE MEINES PROBENÄH-TEAMS

S.56 | mini-wölkchen

S.20 | fraulula

S.24 | Pfützenhüpfer

S.16,80 | lisimade

S.80 | weisnaehschen

S.36 | Pfützenhüpfer